Adalbert Töpper

Denke dich gesund

Die Überwindung
krankmachender Denkmuster

Verlag Via Nova

Adalbert Töpper

Denke dich gesund

Die Überwindung
krankmachender Denkmuster

Verlag Via Nova

1. Auflage 1998

Verlag Via Nova, Neißer Straße 9, 36100 Petersberg
Telefon und Fax: (06 61) 6 29 73

Satz: typo-service kliem, 97647 Neustädtles
Druck und Verarbeitung: Rindt-Druck, 36037 Fulda
Alle Rechte vorbehalten
ISBN 3-928632-36-1

Widmung

Mrs. Winnie Marshall gewidmet,
die mich dazu angeregt hat,
über die Erfahrungen
des spirituellen Heilers
Dr. Frederick Bailes
dieses Buch zu schreiben.

Inhaltsverzeichnis

Einführung

Bevor mir Frederick Bailes' Werk „Hidden Power for Human Problems" (Die verborgene Macht für die Lösung menschlicher Probleme) in die Hände geraten war, überwog meine Überzeugung, daß doch schon genügend Bücher über die vielerlei Arten des spirituellen Heilens geschrieben worden seien. Bald jedoch änderte sich meine Auffassung darüber gründlich. Schon während der anfänglichen Lektüre erkannte ich mehr und mehr, wie sehr es diesem geistigen Heiler angelegen war, seelische und körperliche Defekte bereits in ihren Entstehungsphasen zu erforschen. So pflegte er der medizinischen Diagnose des Arztes eine Tiefendiagnose gegenüberzustellen, die sich gewissermaßen als ein Psychogramm der ärztlichen Diagnose erwies. Es eröffneten sich damit überraschende Wege zu oft umfassenden Heilungen, die häufig schon bald nach der Aufstellung eines spirituell angelegten Heilungsprogramms eintraten.

Dies alles läßt sich natürlich nicht allein mit dem erreichen, was hie und da auch Psychotherapeuten versuchen, wenn sie ein wenig mit dem verborgenen göttlichen Potential des Menschen arbeiten. Sie bezeichnen diese Kräfte mitunter gern als obskur und undefinierbar und möchten sie, wenn überhaupt, nur unter Vorbehalt miteinbeziehen. Mit dieser nur unzureichenden Akzeptanz des Göttlichen gelingen dann meist auch nur sehr unzureichende Ergebnisse, denen vor allem ein *andauernder* Erfolg mangelt. Es ist einleuchtend, daß von einer wirklichen Heilung nur dann gesprochen werden kann, wenn die Heilung umfassend und fortdauernd im Sinn der Wiederherstellung des ursprünglichen, gesunden Zustandes eingetreten ist. Zu diesem Zweck sprach Bailes das verborgene göttliche Potential des Menschen bewußt an, indem er seelische Defekte, die häufig in Verbindung mit körperlichen Krankheiten auftreten, als Konsequenz des unbewußten Abspaltens vom Eins-Fühlen mit dem Göttlichen diagnostizierte. Gemeinsam mit dem Patienten spürte er den zugrundeliegenden destruktiven Gedankenmustern nach, welche die natürliche Funktion des gotteinheitlich waltenden Lebensgesetzes unterbrochen hatten. In allen Fällen, in denen seine Patienten ehrlich und mutig einer solch selbstbetrachtenden Ursachenforschung zustimmten, fanden auch endgültige Heilungen statt.

Bailes nennt die destruktiven Gedankenprogramme „Parent thoughts". Er betrachtet sie als zeugungs- und gebärfreudige Eltern, die immer neue unausgegorene Erfahrungskomplexe des Egos hervorbringen, stets genährt und gepäppelt von Minderwertigkeitskomplexen, Unterlegenheitsgefühlen, Schuldzuweisungsverhalten, Bloßstellungsängsten, Unbeherrschtheit, Ungeduld und ähnlichen negativen Gedankeneinstellungen und Verhaltensmustern. Mit der gewissenhaften Erkenntnis dieser virenartig auf Vermehrung angelegten Gedankenmuster gelang es Bailes, echtes Verlangen nach Bewußtseinsänderung zu wecken. Dies erwies sich als eine der Voraussetzungen für das angestrebte Erreichen des verlorengegangenen Einsfühlens mit Gott und der gesamten Schöpfung. Die damit gleichzeitig beginnende Gesundung des Körpers war eine Folge der geistigen Umkehr.

„Ich und der Vater sind eins". Mit dieser ebenso gewaltig wie auch schlicht erscheinenden Aussage verherrlichte Jesus

das ewig schöpferische Lebensgesetz der alles durchdringenden Liebe Gottes, durch deren Erfahrung all seine Geschöpfe
kreativ teilnehmen können an dem göttlichen Denken und
Wollen. Jesus sah sich niemals als einziger, sondern als erster
Sohn Gottes, dem wir uns alle als geschwisterliche Töchter
und Söhne Gottes anschließen sollen.

So stark war für Jesus die Erfahrung des Eins-Seins mit
Gott, daß ihm das göttliche Kräftepotential schließlich unge-
schmälert zur Verfügung stand. Mit diesen Kräften konnte er
sogar die noch sehr unreifen Seelen der Kranken verwandeln,
die dann deshalb geheilt wurden, weil sie die von Jesus auf sie
übertragene Heilkraft im Glauben angenommen hatten. Wenn
Jesus sie daraufhin ermahnte, nicht mehr zu sündigen, so
wollte er damit keineswegs eine bloße moralisierende Beleh-
rung aussprechen. Vielmehr wies er mit dieser Bemerkung auf
das universale Gesetz der göttlichen Ordnung hin, dessen
kreative Konstruktivität durch zuwiderhandelnde Gedankenmuster außer Kraft gesetzt werden kann. Wir kennen die Folgen als psychische und physische Deformationen.

Mit dem Begriff „Master thoughts" umriß Bailes das spirituelle Heilprogramm, das er als erwünschtes Denken Gottes
im Bewußtsein des Menschen charakterisierte. Diese „Master
thoughts" sind gewissermaßen der Polizei der Blutkörperchen
im Organismus vergleichbar, welche krankmachende Ein-
dringlinge dingfest und unschädlich machen sollen, bevor sie
groß und unbeherrschbar werden. Ich erinnere mich an dieser
Stelle eines alttestamentlichen Psalmspruchs, welcher wörtlich genommen einen brutalen Sinn ergäbe und der deshalb,
wie vieles Biblische, nur als Metapher verstanden werden
darf. Jene besagten Psalmverse nämlich rufen dazu auf, daß
wir unsere „Kinder", bevor sie groß und mächtig werden, an
den Felsen zerschmettern sollten. Setzen wir nun mit dem
„Felsen" bildlich das übergeordnete Bewußtsein Gottes

gleich, so wird unschwer erkennbar, daß mit den „Kindern" die Abkömmlinge unserer verseuchenden Gedankenmuster gemeint sein müssen, die wir zu tilgen haben, bevor sie Gewalt über uns erlangen.

Es mag nun erkennbar werden, wie gründlich und durchdacht Bailes' Therapieprogramm angelegt ist. Er sieht das höhere Bewußtsein als ein schöpferisches Gesetz, das, von jeher wirkend, lediglich neu entdeckt und endlich angewandt werden will. Dabei ist zu bedenken, daß ja auch das Gedankenprogramm des niederen Ego in seiner schöpferischen Auswirkung ständig tätig ist. Es arbeitet jedoch vorherrschend nach dem Prinzip des „Sich-gehen-lassens" und ist infolgedessen deformierend. Die Tatsache, daß sich das schöpferisch tätige Gesetz des Denkens sowohl im Konstruktiven als auch im Destruktiven äußern kann, entwertet jedoch nicht seinen göttlichen Ursprung. Das Gesetz arbeitet also sowohl auf der konstruktiven wie auch auf der destruktiven Ebene gleichsam unbeugsam und ohne Abweichung. Es erschafft immer irgend etwas, mit oder ohne die bewußte Zustimmung des Menschen, also böse oder gute Dinge. Dementsprechend kommen Glückseligkeit oder Verzweiflung, Erfolg oder Mißerfolg ins Dasein.

Nur durch den kultivierten und verantwortungsvollen Gebrauch des freien Willens – und dies ist der wirkliche Schlüssel zum Leben – kann der Mensch die Richtung jener Gesetzmäßigkeit bestimmen. Er kann mit dieser freien Entscheidung durch die dadurch intensivierte Kooperation mit dem Göttlichen diesem ermöglichen, in seinem Bewußtsein denkend und wollend tätig zu werden. Dabei wird ihm möglicherweise bewußt, daß dieses universale Gesetz ihm dient. Und er wird erfahren, wie zuverlässig und zielsicher es arbeitet, genauso unwandelbar und verläßlich, wie auch die Gesetze der Wissenschaften funktionieren.

Bailes' dokumentierte Heilerfolge beruhen demgemäß auf einer einzigen Vorbedingung: Er mußte bei der Zusammenarbeit mit dem Patienten erreichen, daß dieser schließlich wahrhaft willens wurde, sein Bewußtsein von den krankmachenden Gedankenmustern entleeren zu wollen, damit Gott durch ihn denken und handeln konnte. Und die beweisführenden Ergebnisse ließen auch nur selten länger auf sich warten: Offenkundig unheilbare Krankheiten wurden geheilt, und gleichzeitig änderten sich auch die Lebensverhältnisse. Auswirkungen wurden sichtbar im Weltlichen wie auch im Geistigen. Bailes erlebte, wie die konstruktive Wirung des kreativen göttlichen Gesetzes zerrüttete Familien wiedervereinigte, schwer erziehbare Kinder besänftigte und Süchtige von ihren Leiden und Isolationen zu befreien vermochte. Auch sah er, wie dieses kosmische Gesetz auf allen Gesellschaftsebenen und ohne Einschränkung bei den unterschiedlichsten Charakteren zur Entfaltung gelangte.

Natürlich können sich beim Abbau der alten Gedankenmuster neue Selbsttäuschungen einschleichen. Sie belegen dann fatalerweise die Bereiche, die eigentlich für das höhere Gedankenprogramm bestimmt sind. Es ist deshalb bei diesem Heilungsweg auf eine unbedingte Ehrlichkeit zu achten, gegen sich selbst wie auch gegenüber allen anderen beteiligten Personen. Und man darf sich auch von niemandem im Glauben an die Verläßlichkeit des kreativen Gesetzes als formgebender Wille des göttlichen Denkens beirren lassen.

Spirituelle Gesetze wirken auf die gleiche uneingeschränkte Weise, wie die physikalischen Gesetze es tun. Wenn ein Apfel vom Baum fällt, wird er dem Fallgesetz folgen.

Selbstanklagen und Schuldzuweisungen gegen andere blockieren die Wirkung des Gesetzes, da sie das menschliche Bewußtsein besetzen und die Wirksamkeit der göttlichen Heilungskräfte verhindern. Unser Bewußtsein muß erst aller Bilder entblößt sein, wie etwa die geleerten Wände einer großen Galerie. Selbst wenn wir dabei in einen nahezu emotionslosen Zustand gelangen, so sollten wir dennoch nicht erschrecken: Es ist nur ein scheinbares Gefühl der Gleichgültigkeit, das uns ergreift, wenn wir im Begriff sind, uns von alten Bildern zu trennen.

Bailes wußte, daß er die Menschen zu einem lebendigen, kontemplativen Glauben anregen mußte, wenn die Therapie des „Master-thought"-Programms einen andauernden und endgültigen Erfolg haben sollte. So begriffen seine Patienten auch, daß das kreative Gesetz der universalen Liebe nicht das geringste zu tun hat mit irgendwelchen Psychotricks aus einem Routinekoffer reisender Wunderdoktoren. Die Nachprüfbarkeit der Tatsache, daß Gedanken wirklichkeitsbildende Kräfte sind, beweist dies genügend.

Gott als die unendliche Liebe und Intelligenz kann in der Tat in unserem Bewußtsein denkend tätig werden und dabei perfekte Gedanken in sichtbare Realität umsetzen. Es ist nichts anderes als das schöpferische Potential eines vergöttlichten Menschen, das Jesus verheißt, wenn er sagt (Joh. 14, 12): „... Wer an mich glaubt, der wird die Werke auch tun, die ich tue ..."

Der begnadete Therapeut des „Master-thought"-Programms machte aber auch deutlich, wie wenig es nutzt, eine Krankheit heilen zu wollen, wenn man lediglich gegen sie anbetet. Beim Sich-öffnen für das göttliche Denken geht es nämlich gleichzeitig darum, einen Zustand, der noch gar nicht eingetreten ist, als bereits gegenwärtig zu erkennen. Damit beginnt das Gesetz zu arbeiten. Es tut dies ohne Ausnahme, was die verschiedensten Krankheiten betrifft wie auch alle übrigen Umstände und Bedingungen.

Auch ist an dieser Stelle darauf hinzuweisen, daß die Heilkunst des Arztes durch diese Heilmethode von Bailes nicht überflüssig wird oder daß Kranke nicht mehr zum Arzt gehen sollen. Im Gegenteil, die Heilmaßnahmen eines Arztes oder Heilpraktikers werden auf wunderbare Weise unterstützt. In seinem Werk „Hidden Power for Human Problems" versichert Dr. F. Bailes ausdrücklich, daß er niemals einem hilfesuchenden Kranken geraten habe, eine gleichzeitig verlaufende medizinische Therapie aufzugeben. Wohl aber sah Bailes einen Beweis für die Richtigkeit seiner spirituellen Heilweise, wenn die betreffenden Ärzte verblüfft feststellten, wie ihre Patienten inmitten einer bisher ergebnislosen Therapie umfassend gesundeten. Es spricht für Bailes' Bescheidenheit, wenn er zudem meinte, daß auch medizinische Therapien besser anschlagen können, wenn die krankmachenden Gedankensysteme zuvor aufgelöst werden.

Das Grundsätzliche, das der Heiler oder derjenige beachten sollte, der sich durch die Macht des göttlichen Heilungsprinzips selbst heilen lassen will, ist dies: Es geht um die Intensität der Gedankenkraft, und es geht darum, inwieweit das Gesetz aktiviert werden kann. Es wird keinesfalls in Gang gesetzt durch magische Gebärden oder Gesten, auch nicht durch litaneienhaft beschwörende Gebete. All dies bringt keine Resultate, da es sich auf der Ebene eines Form- oder Aberglaubens bewegt. Es ist die gleiche Ebene, auf der noch so manche eingeschlichenen Selbsttäuschungen als erworbene Tugenden betrachtet werden. Selbstmitleid ist dabei eine der ärgsten Blockaden, die wir uns einhandeln können.

Menschen denken in Bildern. Worte sind Werkzeuge, die uns helfen, diese Bilder anderen mitteilen zu können. Und auf die gleiche Weise läßt sich auch die Wirksamkeit von Heilgebeten verstehen. Denken wir uns dabei die eigene Seele als einen Partner, der sich in einer kontemplativen Grundstimmung befindet und mit glühender Begierde die Aktivierung seines schöpferischen Potentials ersehnt. Wenn wir die Gedankenmuster des niederen Ego als krankmachend und für das Lebensglück hemmend erkannt haben, so sind wir genügend offen für das kreative Wirken Gottes in uns. Dann können die höheren Gedankenmuster tätig werden, die nicht belastet sind von niederen Emotionen wie Mißtrauen, Abneigung, Neid, Eifersucht, gekränktem Ehrgeiz und so vieles mehr.

Erst die intensive Bewußtwerdung unserer verborgenen göttlichen schöpferischen Eigenschaften kann den krankheitsverursachenden Seelenzustand löschen. Bailes spricht dabei von der Notwendigkeit, das positive Gedankenpotential des Höheren Selbst gegen das destruktive Denkmaterial des niederen Selbst einzusetzen. Er rät dazu, individuelle Methoden zu entwickeln, um die Möglichkeiten für eine optimale Arbeitsweise des höheren Schöpfungspotentials zu erkunden. Vielleicht sind es die gleichen Wege, welche Künstler finden, wenn sie die Pfade freimachen, auf denen die inspirierten Bilder ihnen zufließen können. So offenbart echte Kunst letztlich die schöpferische Dynamik des göttlichen Ursprungs. Jedes Meisterwerk, ob Gemälde oder Sinfonie, entstand zuerst als geistiges Panorama, bevor es sich im Grobstofflichen manifestierte. Ebenso kann ein Gebet als bildliche Zielvorstellung Heilung „erschaffen". Heilung von Körper *und* Seele, weil der schöpferische Prozeß gleichzeitig die psychische Ursache der Krankheit eliminiert, sobald wir die Kraft gewonnen haben, Selbsttäuschungen und selbstbetrügerische Relativierungen auszuschalten. Wer den individuell wirksamsten Wortlaut eines Heilgebetes gefunden hat, sollte es notieren und es durch halblautes Sprechen mehr und mehr verinnerlichen.

Was Bailes durch die Aktivierung der verborgenen göttlichen Kräfte seinen Lesern verspricht, sei, wie er versichert, „nicht zu schön, um wahr zu sein". Er schildert zahlreiche

Beispiele von Menschen (sich selbst eingeschlossen), die nach der Änderung ihrer Gedankenmuster von als unheilbar diagnostizierten Krankheiten geheilt und gleichzeitig aus seelischen Katastrophenlagen befreit wurden.

Selbstverständlich verläuft der Heilungsprozeß nicht mit größerer Geschwindigkeit, als mit der die krankmachenden Gedankenmuster überwunden werden können. Aber bei manchen Leuten kann das verblüffend schnell geschehen. Doch ein noch so ausgeklügelt formuliertes Heilgebet vermag nichts, wenn es in frömmelndem Pathos abgebetet wird. Am wirksamsten wohl wäre die beinahe schon entrückte Entschlossenheit eines Gipfelstürmers im Himalaya, der sich im Geist längst schon oben sieht. Jedes Gebetswort sollte dem liebevoll-selbstbewußten Handgriff eines geübten Holzschnitzers gleichen, der mit jedem Schnitt seiner Figur mehr und mehr Gestalt verleiht und fortwährend das bereits vollendete Produkt im Sinn hat. Das folgende einfache Gebet ist nur ein Vorschlag. Es kann ungeachtet seiner Einfachheit den formbildenden Prozeß auslösen, der die Seele aus der Umklammerung ihrer niedrigen und erniedrigenden Denkmuster (Parent thoughts) zu befreien vermag:

> „Ich bin nach dem Ebenbild Gottes erschaffen. Aus diesem Grund muß der Friede als Gottes Natur gleichfalls in meinem Herzen und im Zentrum meines Seins wurzeln.
>
> Nichts war jemals wahrhaftig fähig, in diesen Frieden einzubrechen. Ebenso hat nichts, was die Grundlage meines Krankseins bildet, einen Platz im Plan des Unendlichen.
>
> Ich werfe mich in die Arme des Ewigen, wie sich ein müdes Kind in die Arme seiner Mutter flüchtet. Der Friede des Himmels nimmt Besitz von mir, und die

Ruhe des Ewigen umfaßt mich mit Zärtlichkeit und Liebe.

Werde ruhig, Seele, und erkenne, daß Du aus Gott bist. Laß mich, Vater, den beglückenden Frieden Deiner Gegenwart erfahren.

Ja –, ich spüre jetzt Deinen Frieden im Innersten, auch wenn der Sturm draußen wütet. Ich bin selig geborgen in der Unendlichkeit Deiner Liebe und Deines Friedens."

Kapitel I

Der lebendige Glaube als Fundament

Lebendiger Glaube bedeutet nicht nur ein „Für-wahr-Halten" religiöser Wahrheiten, sondern Vertrauen, Hingabe, eine lebendige Beziehung zu Gott. Dieser Glaube ist das Fundament der Heilung von krankheitsverursachenden Energien und Gedankenmustern. Er wird dem Menschen gnadenhaft geschenkt, wenn er sich Gott öffnen und sich seiner heilenden Liebeskraft überlassen kann, aus der dann Heilung geschieht. Ein festgefahrener Glaube, der nicht dem liebenden Herzen, sondern der Vorstellungswelt des Menschen entspringt und rein dogmatisch ausgerichtet ist, vermag die göttlichen Heilkräfte nicht aufzunehmen. Ein solcher Glaube ist nicht mehr als eine menschliche Vorstellung, er heiligt die Seele nicht, sondern er fesselt sie durch entwürdigende Vorbehalte, Einschüchterungen und jede Menge daraus resultierender Ängste. Was verloren geht, ist die Freiheit des Menschen, die Gott ihm gegeben hat. Lebendiger Glaube wird wahre Freiheit erst ermöglichen und darf sie nicht unterdrücken.

Der durch Dogmen institutionalisierte Traditionsglaube erscheint vielen kaum mehr als das schwache Abbild eines lebendigen Glaubens. Denn er ist vielfach vom gleichen Formalismus infiziert, den Jesus vorfand, als er unter die Schriftgelehrten kam und sich deren eitlem Geschwätz ausgesetzt sah. So war der einstmals lebendige Glaube des auserwählten Volkes zum fundamentalistisch-orthodoxen Gehorsamskodex geworden, der sich in eitlen Ritualen selbst beschaute.

Nicht, daß Jesus zeremonielle Bräuche schon an sich verdammt hätte. Aber er klagte sie als Maskerade geistlicher Herrschsucht an, der vor allem eins fehlte: der Geist der Liebe, welcher die Grundlage eines lebendigen Glaubens ist. Und es entfachte den Grimm seiner Kontrahenten mächtig, weil keinem seiner Worte dieser ihnen so fremde Geist mangelte. Aber mußten sich denn die geistlichen Machthaber jener Zeit nicht bereits gewarnt gefühlt haben durch die alten Propheten, zu denen Gott gesprochen hatte?

> „Ich verachte eure Feiertage und mag eure Versammlungen nicht, und ob ihr Mir auch Brand- und Speisopfer bringt, so habe Ich keinen Gefallen daran. Tut nur weg von Mir den Lärm eurer Gesänge …"

So läßt sich Gott durch den Propheten Amos (Kap. 5, 22–23) vernehmen, und nicht weniger deutlich auch durch andere Propheten. Später folgten vorbeugende Ermahnungen in den Apostelbriefen, die eindringlich davor warnten, wieder in die Fehler der alten jüdischen Kirche zurückzufallen. Dennoch kam es zu dem, was Paulus, als einen erneuten „Abfall" beklagend, vorausgesehen hatte: Die spätere mittelalterliche Kirche übertraf sogar noch die alte jüdische Kirche an skrupelloser Korrektheit, jedenfalls soweit es den Buchstaben betrifft.

Der lebendige Glaube wird erfahren, nicht angelernt. Wenn der heilende Christus sagte: „Dir geschehe nach deinem Glauben!", so meinte er die Kräfte jenes erfahrenen Glaubens. Deshalb auch waren die Schriftgelehrten seiner Zeit allesamt so eifersüchtig auf die Wunderwerke Jesu und die daraus sich ergebende Verehrung durch das Volk. Insgeheim wußten sie es doch gewiß, daß ihr in Äußerlichkeiten erstarrter Glaube nicht vermochte, was der messianische „Rabbi" vollbrachte und bewirkte. Gegen diese Qualität versuchten sie die trostlose Quantität ihrer verbalen Fehlerlosigkeit zu setzen, ohne die Peinlichkeiten ihrer Selbstgerechtigkeit zu bemerken.

Das Schicksal eines jeden Menschen ist ein ganz individuelles Erfahrungsprogramm, das ihm auf dem Pilgerweg in seine wahre Heimat eine unschätzbare Chance bietet. Es gibt ungezählte, ähnlich erscheinende Erfahrungsmuster, aber niemals zwei völlig gleiche, wie es ebenso auch keine völlig gleichgearteten Menschen gibt auf dieser Welt. Manche erkennen erst dann die Dürftigkeit ihres bloßen Formglaubens, wenn sie von Katastrophen wie familiären oder beruflichen Tragödien oder auch Krankheiten heimgesucht werden. Dann wird oftmals klar, daß es ein Glaube war, der in geruhsamen Zeiten als genügend erschien, der aber nicht in die Tiefe ging, um uns auch in schweren Zeiten zu tragen. Und nicht selten wird dann Gott selbst auf die Anklagebank verwiesen mit Fragen wie diesen: „Warum dies denn gerade mir? Ist das Gottes Gerechtigkeit? Wo bleibt seine Liebe?"

Auch der lebendige Glaube, der grundlegend für die Heilungsprozesse ist, entfaltet sich aus dem freien Willen des Menschen. Aber es muß ihm die Erkenntnis der wahren Sehnsucht der Seele vorausgehen. Der freie Wille ist göttliches Erbteil, und er schenkt den Spielraum, ohne den die Seele ersticken müßte.

Bis zu einem gewissen Alter haben Kinder in der Regel noch einen spielerischen Zugang zum Numinosen. Ihr Sensorium ist über Empfindungen, Ahnungen und zuweilen auch visionärem Schauen noch mehr oder weniger intakt. Aber da gibt es oftmals eine markante Bruchstelle, und gerade Religionslehrer spüren dies hier und da, wenn durch ein falsches Gottesbild Angst in den jungen Seelen entsteht. Denn es ist noch immer überwiegend ein fordernder Gott, den man ihnen so unvermittelt vorstellt. Er ist zwar duldsam, wie man beteuert, aber nur begrenzt, wie sich versteht. Und er ist auch die unendliche Liebe, wie man versichert, aber auch dies nicht in allen Fällen und unter jeglichen Umständen.

Gott aber ist die grenzenlose, bedingungslose Liebe. „Gott ist die Liebe", sagt Johannes der Evangelist und spricht damit die letzte und tiefste Wahrheit über Gott aus. Diese Liebe durchwaltet alles Sein. Sie äußert sich als Leben, als höchste Weisheit und Intelligenz, als kreativ-schöpferische Macht und ist stets gegenwärtig und wirksam, auch wenn sie das menschliche Bewußtsein nicht wahrnimmt. Sich dieser unendlichen Liebe zu öffnen, sie in Vertrauen und im hingebungsvollen Glauben zuzulassen und wirken zu lassen, ist die wichtigste Voraussetzung für die Heilung aller Krankheiten. Nur die Liebe und die damit verbundene Hingabe machen den Glauben des gewöhnlichen Bewußtseins zu einem lebendigen Glauben, der sich als Heilkraft allen Lebensbereichen mitteilt. Die Liebe wird so zum Ausdruck eines überfließenden Heilwillens.

Der von innen her wachsende lebendige Glaube läßt die ursprüngliche Seelenschwingung erwachen, in der die Seele noch reiner Geist war und sie in der vibrierenden Gegenwart Gottes existierte. Diese Spurenelemente des Göttlichen haben essentielle Bedeutung für die Seele. Wir sollten sie wieder in uns entdecken, sie entwickeln und entfalten (und wir sollten Wucher treiben mit ihnen). So vieles speist sich aus solchen Urquellen, auch das anscheinend grundlose Lächeln eines Kindes, das noch keinen äußeren Gegenstand oder Anlaß braucht, um einer hervorquellenden Freude Ausdruck zu geben. Ganz ohne Zweifel ist der lebendige Glaube mit einer tiefen Freude an Gott verbunden. So manche Mystiker und Gottesschwärmer hatten sie unvorsichtigerweise so offen zur

Schau getragen, daß sie ihre ekstatische Freude mit dem Leben bezahlen mußten. Das geschah ausgerechnet unter dem Urteilsspruch derer, die sich anmaßten, Glauben definieren zu können.

Ist in der Tat Glaube überhaupt definierbar? Wenn, dann doch nur der Formglaube. Zwar erzeugt dieser keinerlei Glückseligkeit im Sinne von Gottestrunkenheit, wie sie der Dichter Hermann Hesse würdigt. Aber dafür hat er seine festen Regeln, Vorschriften und Klauseln. Sie sind der nüchterne Ersatz für die reine Freude an Gott.

Man sollte ja auch musikalisch sein, wenn man in ein Konzert gehen möchte. Wie oft habe ich verstohlen das Publikum betrachtet, wenn der eine und andere still versunken dem Vortrag eines erlesenen musikalischen Meisterwerkes lauschte. Mir war klar, daß wir alle von der äußeren Klangstruktur her gesehen übereinstimmend dasselbe hörten, obwohl dennoch ein jeder im Innersten auf die verschiedenste Weise und Stärke angerührt zu sein schien. Wollte einer aber darüber diskutieren, wie man solche Unterschiede begrifflich definieren könnte, so müßte ein solcher Versuch bereits im Ansatz scheitern. Gerade die Musik gibt uns ein Beispiel vom Wesen des Unaussprechlichen.

Die Bemerkung mag vielleicht verblüffen, daß sich gerade auch unter Musikinteressierten so manche Leute befinden, die sich einer tieferen Wirklichkeit öffnen, wenn sie Musik hören. Aber ernsthafte Begegnung mit den großen Meisterwerken dieser Himmelskunst ist nun mal gleichzeitig eine unausweichliche Begegnung mit dem Numinosen. So gibt es Leute, die bis zum Verzücken entrückt werden, aber auch andere, die nach einem Konzert lediglich sagen: „Ein schöner Klangkörper, dieses Orchester! Ein sympathischer Dirigent!" Oder: „Das Fagott kam leider zu früh, und die Bratschen waren etwas schlecht gestimmt!" Wohl darf auch solches gehört werden. Was aber ist, wenn man sonst nichts hört?

Auch der lebendige Glaube kann niemals die innerste Substanz eines solchen Wesens des Unaussprechlichen begreifen und erfassen. Die herkömmlichen Glaubenslehren vermitteln wenig von einem Gott, der sich verbirgt, weil er gesucht und gefunden werden möchte, damit unser Bemühen seine Herrlichkeit bestätigt, seine Liebe und Güte. Die großen Mystiker fanden sich allesamt sprachlos in dieser Gottfindung, und sie gaben sich auch keine große Mühe, dies einander mitteilen zu wollen. Sie wußten, daß sich Gott in jeder seiner Seelen anders spiegeln muß, da jede Seele eine andere Facette seiner Fülle repräsentiert. Und deshalb eben müssen Worte stets die substantielle Interaktion mit dem Göttlichen verfehlen.

Sicher kann ein rituell „praktizierender" Angehöriger einer Religion neben einem herkömmlich gepflegten Formglauben auch den inwendigen, lebendigen Glauben kultivieren. Wie weit sich dieser Reichtum entfalten kann, hängt natürlich ganz von der Bandbreite seines Seelenlebens ab, von der Fähigkeit der inneren Wahrnehmung Gottes, der in uns selbst auf sein Erwachen wartet. Denn nur die Entfaltung eines lebendigen Glaubens schafft die Voraussetzung für die Wiedergewinnung der verlorengegangenen Gemeinschaft des Menschen mit Gott. Und diese ist nichts weniger als das verheißene Herabkommen des Himmlischen Jerusalem in das Zentrum des menschlichen Herzens.

Der lebendige, grundlegende Glaube allein ist schon Gebet. Das Plappern mit Worten genügt ihm nicht. Lippenbekenntnisse ohne innere Beteiligung mögen einer gottverliebten Seele dünken wie das Kratzen von Gabeln auf leeren Tellern. Und dies tut weh, wie wir wissen. Viele fleißige Beter trauen dem monotonen Tonfall langer Gebete eine magische Wirkung zu, der sich Gott beim besten Willen nicht entziehen könne, ganz so, als habe die beschwörerische Lautmalerei der vorgegebenen Worte die Kraft, die tonlose Leere mancher Herzen wettzumachen.

Aber es geht ein dicker roter Faden durch die Bücher des Alten und Neuen Testaments, der uns lehrt, daß die Mutter solcher Gebete die Eitelkeit ist. Sie zieht so lange unbemerkt ihrer Wege wie der nackte Kaiser in Andersons Märchen, den erst ein unschuldiges Kind seiner Nacktheit überführt. In dieser Parabel über die menschliche Eitelkeit zeigt sich schlechthin die ganze Tragik der abirrenden Menschenseele auf ihrem Rückweg in die göttliche Heimat. Es müßte überdies nachdenklich machen, daß es gerade Kinder sind, die oftmals eine solche Betweise durch übertriebenes Artikulieren der Gebetsworte unbewußt bloßstellen. Ein noch unverbildetes Kind empfindet einen äußerlichen religiösen Formalismus nicht als Gebet, das sein Herz berührt.

Die formalistischen und repressiven Züge der Kirchen verhindern oft eine tiefere Erfahrung Gottes. Aber erwarten die Menschen denn nicht mit Sehnsucht eine ganz neue, geisterfüllte Kirche? Eine, die den lebendigen Glauben von jetzt erst wenigen zum Glauben vieler umgestalten soll? Es ist als erstes das Reich Gottes im Menschenherzen, dem wir Raum geben müssen, damit sich auch alles nach außen hin neu gestalten kann. Erst die Rückkehr zu einem lebendigen Glauben kann die Liebe zu Gott neu entfachen. Diese Gottesliebe als Fundament der uneigennützigen Nächstenliebe vermag dann wieder die Kräfte zu verleihen, die Menschen als heilende Wesen hervorhebt über ihr kreatürliches Dasein. Jesus nannte dies Umkehr!

Ein formalistischer Glaube kennt nicht das Hauptelement des Himmels: die Freude, den Jubel. Dieser ist die Freude an der endlich wiedergefundenen Gewißheit der ständigen Gegenwart Gottes, der in jeder Faser unserer Seele sein Bewußtsein wiedererkennt nach dem Maß unserer Liebe zu ihm. Wenn ein Mensch schon auf Erden diesen Grad erreicht, daß er die Dinge der Welt vergißt und ihm deren Besitz gleichgültig wird, so ist eine solche „Askese" kein Selbstzweck, sondern die oft unbewußte Begleiterscheinung einer spirituellen Transformation. Die Heiligen sind Zeugen dafür, daß der lebendige Glaube die Bewußtwerdung des Göttlichen in uns selbst ist, weil sich nur Ähnliches und Gleiches erkennen kann.

Wer wollte daran zweifeln, daß es nur der lebendige, der von der Sehnsucht imprägnierte Glaube allein sein kann, der den Menschen des kommenden Gottesreichs prägt? In seinem schon erwähnten Werk „Hidden Power For Human Problems" findet Frederick Bailes für diesen Glauben einen spezifischen Begriff, der für die aus der kreativen Gotteskraft entspringende Gabe des Heilens eine entscheidende Schlüsselfunktion hat. Es ist die bereits erwähnte innige Imagination des Sich-Einsfühlens mit Gott und dem Universum, die dem sich daraus entwickelnden Einswerden durch die geistige Wiedergeburt vorausgeht. Diese Imagination beinhaltet auch die andauernde Sehnsucht nach Gott und das wachsende Glücksgefühl darüber, von ihm wiedergeliebt zu werden.

Es war wohl nicht Bailes' Absicht, sein Werk als die einzig mögliche Anleitung für eine zukünftige Heilkunst zu verstehen. Die geistige Heilkraft dieser aus dem kreativen Denken Gottes entspringenden Fähigkeit war schon seit jeher tätig und wirksam. Erst durch die Konfrontation mit den destruktiven Gedankenmustern des Menschen wird dieser göttliche Heilstrom unterbrochen. Genau dies weist Bailes anhand seiner faszinierenden Erfahrungen unwiderlegbar nach. Und so werden seine Gedanken und Erfahrungen gerade auch für die kommenden Generationen des neuen Zeitalters eine wertvolle Hilfe sein im Bemühen um die Überwindung von seelischen und körperlichen Defekten, die dem beglückenden Einswerden des Menschen mit dem Göttlichen noch im Weg stehen.

Viele unter Bailes' Patienten entwickelten während ihrer Behandlung die Kraft eines Glaubens, die sogar ihren begnadeten Therapeuten verblüffte, ihm gleichzeitig aber auch selbst neue Impulse verlieh. Er sah, daß diese Kraft aus dem Urwissen wuchs, das Gott in jede Menschenseele gelegt hat. Bailes erfuhr dabei noch ein weiteres, das er zwar kaum in Worte faßt, aber in seinen Gedanken unausgesprochen oftmals mitschwingen läßt: Jeder Mensch ist ein Urgedanke Gottes, der selbständig entlassen wurde, um kraft eigener Entscheidung zu seinem Schöpfer zurückzufinden.

Hier treffen wir zweifellos auf die Grundessenz des wahren Glaubens, auf sein Fundament, das im verborgenen Grund ruht. Es spiegelt sich in manchen alten Heiligen Schriften der Bibel wider, wobei wir in besonderem Maß an das Buch Enoch denken. Diese zentrale Botschaft ist der geheime Personalausweis einer jeden Seele, die ihren Namen vergessen hat!

Bailes lernte mehr und mehr, die wunden Punkte der Seelen heilsam zu berühren, all jene, die ihre Herkunft und ihr Ziel vergessen hatten im Ansturm negativer Gedankenmuster. Und hier und da mag das geistige Mosaik einer Erinnerung aufgeleuchtet sein an die verlorengegangene Einheit mit Gott. So muß die Seele schließlich eine wehmütige Ahnung davon überkommen, daß sie mit der Familie Gottes einst in inniger Verbindung gestanden war, die sie dann freiwillig gelöst hatte. Ganz und gar freiwillig, wie das Buch Enoch dramatisch bezeugt. Diese Trennung von Gott ist der Grund für das Elend der Menschen und die Ursache vieler Krankheiten. Diese

Trennung in Freiheit zu überwinden und heil zu werden, in die Ganzheit, aus der der Mensch gefallen ist,. zurückzukehren, die Einheit in sich wiederzufinden, um sie als kosmische, universale Einheit mit Gott zu erfahren, das ist der Sinn des Lebens, auch der Sinn eines jeden spirituellen Weges und des Menschen vornehmste Lebensaufgabe. Wenn er das wieder erkennt, annimmt, glaubt und lebt, wird er Schritt für Schritt auf seinem Weg nach innen, zurück zu Gott, gesünder an Leib und Seele.

Jesu Gleichnis vom verlorenen Sohn ist wie ein Echo zu sehen, das von jener entschwundenen altbiblischen Botschaft an uns zurückhallt. Und dieses Echo ist ein Aufruf an alle, sich auf den Weg zurück nach Hause zu machen. Aber sind wir nicht längst dabei, auch wenn wir an Wegkreuzungen oft einen zunächst falschen Pfad wählen?

Überall, wo wahre Heilung geschieht, findet Einheit mit dem Einen statt. Und dies ist bereits beginnende Heimkehr. Bailes hat es verstanden, dies ohne feierliche Worte zu lehren. Unser Bemühen, diesen Weisungen zu folgen, wird seinen Lohn finden.

Kapitel II

Die Aktivierung des göttlichen Bewußtseins im Menschen

Wie anders als auf dem unangreifbaren Fundament eines lebendigen Glaubens könnte sich das göttliche Bewußtsein im Menschen manifestieren? Sollte ein gewissenhaftes humanitäres Denken und Handeln bereits genügen?

Der uns heilen kann, der sehnt sich auch danach, in uns sein Ebenbild wiedererkennen zu können. Also muß uns sehr daran gelegen sein, die verlorengegangenen göttlichen Fähigkeiten wiederzuerlangen. Erst dann werden wir uns wirklich bewußt, Töchter und Söhne Gottes zu sein.

Sind uns aber jene gottebenbildlichen Eigenschaften denn tatsächlich abhanden gekommen? Sind sie nicht vielmehr verborgen wie Goldadern im massiven Felsgestein, das nichts weiß von seinem eingeschlossenen Reichtum? Wenn wir bildlich die tauben Felsmassen mit den egoprägenden Gedankenmustern gleichsetzen, so wird ersichtlich, was den Menschen überwiegend beherrscht und formt. Sie sind es, die den Menschen vom göttlichen Bewußtsein abschneiden, auch wenn die Goldadern eines beseligenden Sehnens, Ahnens und Wollens im tauben Gestein seines niederen Bewußtseins hin und wieder fühlbar werden, als wollten sie erglühen und damit alles Taube ringsum zu ihresgleichen machen.

Die Wahrheit ist: Das Edle kann das Unedle in der Tat verwandeln nach einem unumstößlichen universalen Gesetz. Diesem Gesetz zufolge kann das qualitativ Überlegene das Mindere besitznehmend durchdringen und es damit nach dem Göttlichen ausrichten wie ein magnetischer Lichtstrom. Alle unsere großen Mystiker wußten um diese Dinge, die sie dem Bereich der spirituellen Alchimie zuordneten. Wenn wir uns dementsprechend verändern wollen, so muß bereits der erste Schritt, den wir tun, der richtige sein: Es ist das gründliche Bewußtmachen, daß uns die Goldader des Göttlichen durchzieht. Mehr und mehr wird dann ihr geheimes pulsierendes Leben fühlbar, das wie eine Nabelschnur den inneren Menschen hegt und nährt. Ein solcher Strom läßt sich nutzen für die Heilung der Seele wie auch für die Regenerierung des unter ihrem Zustand leidenden Körpers. Damit können wir Gott durch uns wirken lassen als eine überpersönliche Macht, die als gleichsam formgebendes Gesetz alles durchdringt und gestaltet.

In der zu Ende gehenden Epoche der alten Welt gibt es täglich irgendwo auf dem Erdenrund hier und da Menschen, die aus ihrer verborgenen Göttlichkeit erwachen. Sie erlangen damit ein stilles Glücksbewußtsein, das jenseits der Vorstellungswelt irdischer Freuden liegt. Die Seele gewinnt Raum für die Kultivierung göttlichen Bewußtseins und eröffnet dadurch ihrem geistigen Umfeld den Himmel. Ihr Zustand wird zum Reich Gottes auf Erden.

Wenn wir uns vollkommen verändern wollen, so müssen wir zuvor vollkommene Gedanken entwickeln. Dazu gehört auch, sich von anerzogenen Minderwertigkeitsgefühlen frei zu machen. Sie sind üble Gewächse, deren Früchte wir nicht genießen sollten. Schließlich werden wir nicht für, sondern durch Sünden oder Fehlentwicklungen bestraft, was einer gleichsam selbstauferlegten Buße gleichkommt.

Das göttliche Bewußtsein beginnt aufzuleben, sobald wir Gott in uns denken lassen wollen. Viele Menschen finden nur deshalb nicht zur inneren Freude, weil sie sich diese gar nicht vorstellen mögen oder können. Großenteils verantwortlich dafür ist das noch so sehr verbreitete Unwissen über das ständig arbeitende Gesetz von Ursache und Wirkung. Die Religionen reduzieren dieses Gesetz kurzerhand auf Sünde und Strafe. In Wahrheit aber ist Fehlverhalten eine Tat, die auf irgendeiner sinnlich erfahrbaren Ebene eine Wirkung manifestiert.

Wenn Bailes in seinem Werk behauptet, daß Gott auch dem Menschen dient nach dem Grad, wie der Mensch selbst Gehorsam übt gegenüber dem göttlichen Gesetz, so klingt dies in der Tat wie eine Kampfansage an das bisherige, herkömmlich religiöse Bewußtsein. Dennoch ist dies eine der erfahrbaren Grundwahrheiten, für welche die herkömmliche Theologie nur recht widerwillig Erlebnisspielraum zu gewähren bereit ist. Doch lassen wir uns diese Erlebnisspielräume nicht beschneiden. Sie offenbaren uns das Heilige, die göttliche Kindschaft. So sehr der Mensch Gott als spirituelles Kraftwerk benötigt, so sehr benutzt und nutzt Gott wiederum den Menschen als schöpferischen Ausgang dieser Kräfte.

Übergeben wir die Zielrichtung unseres Denkens der Arbeitsweise dieses universalen Gesetzes. Das Denken und Wollen des ewigen Schöpfers kommt in diesem Gesetz unaufhörlich zum Ausdruck. Wir brauchen uns durch konstruktives Mitdenken an dem Willen Gottes nur zu beteiligen. Sobald wir innerlich erfahren, wie wir im Gleichklang mit dem Wollen Gottes zu denken beginnen, wird unser Wille immer zielsicherer und stärker, so daß sich schöpferisch aktive Gedanken schließlich in lebendige Realität umsetzen können. Der Vorgang gleicht dem stehenden Bild eines Films, das plötzlich in fließende Bewegung versetzt wird.

Je mehr der Mensch im Fluß des Verstehens diese Durchlichtung seines Bewußtseins durch Gott zuläßt und sich gleichzeitig seine Gottesliebe erhöht, desto mehr wird auch die Qualität heilender Kräfte wachsen und sichtbar werden. Der Erfolg der Heilung hängt überwiegend davon ab, wie wir die uns noch weitgehend beherrschenden krankmachenden Gedankenmuster austauschen können.

Die Zustände der Seele nach dem Tod im Jenseits schafft sich der Mensch selbst durch seine Denk- und Verhaltensweise in diesem Leben. Die aus diesem Gedankenmusterpanorama resultierende Handlung ist lediglich die sichtbare Manifestation in der stofflichen Welt. Bailes wies an zahlreichen Fallbeispielen schwer erkrankter Personen nach, daß sich ihre Leiden nahezu ausnahmslos aus einem variantenreichen Schuldzuweisungsverhalten entwickelt hatten. Ihre Heilung dauerte zumeist länger, da sie fester als andere Leidende in der Umklammerung ihrer alten und krankmachenden Denkmuster gefangen saßen. Sie wären damit ungewollt schon auf Erden die Erschaffer ihrer geistig beengten nachtodlichen Lebenswelt geworden, sofern sie die alten Gedankenprogramme schließlich nicht doch noch überwunden hätten.

Nicht weil sie schlechte Menschen waren, waren sie solchen Gefahren ausgesetzt, sondern weil sie nicht einmal annähernd das universale Gesetz von Ursache und Wirkung zu begreifen vermochten. Einige meinten zudem, daß Gott sie zu wenig liebe, da er sie sonst längst schon geheilt hätte. Daraus allein schon läßt sich erkennen, wie wenig die Gruppe, die andere für ihre Leiden schuldig machte, von der Ursache ihrer Misere ahnte. Natürlich war ihnen auch die Wahrheit darüber verschlossen, daß Gott sowohl mittels seiner unendlichen Liebe als auch über sein unaufhebbares Gesetz der göttlichen Ordnung wirkt. Selbst die geringste Abweichung von diesem

Gesetz aber würde die ganze Schöpfung, beispielsweise den Gang der Gestirne, ins Chaos stürzen. Das Naturgeschehen würde völlig durcheinander geraten.

Daß auch Menschen mit niedrigen und damit gleichsam selbsterniedrigenden Gedankenmustern schöpferisch gestaltend tätig werden, ist nur ein scheinbarer Widerspruch. Im Unwissen über den geistigen Mechanismus des Gesetzes klagen sie denn auch über die Produkte ihrer Gedankenarchitektur. Sobald der Mensch aber den göttlichen Prinzipien zustimmt, erfaßt er auch deren Kausalität und kann somit auch den ersten entscheidenden Schritt zur Beendigung seiner Leiden tun. Gottes Gesetze erheischen liebevolle wie auch intelligente Annäherung. Aber es ist die Intelligenz des Herzens, die den Kopf regieren sollte.

Wahrscheinlich ist die Selbsttäuschung in ihrer erschreckenden Vielfalt die alleinige Quelle von Schuldzuweisungen der verschiedensten Art. Deshalb ist die Erkenntnis, daß man einer Selbsttäuschung verfallen sein könnte, unerläßlich auf dem beginnenden Weg zur Gesundung. Wie aber stoppen wir die Tätigkeit dieser so zwingend prägenden Gedankenmuster?

Der britische Mystiker und Theologe F.W. Faber zeigt Wege, die aus ihrem Bann befreien können. Er verweist auf das Erniedrigende ihres Charakters. Dieser offenbare sich dann am deutlichsten, wenn wir uns der drängenden Gewalt solcher Denkmuster bewußt werden, der harten Sklaverei, in die sie uns führen mit allen Folgen kettenreaktionsbedingter Selbstdemütigungen.

Die Auferweckung des göttlichen Bewußtseins im Menschen wird oftmals über eine segensreiche Schocktherapie in Gang gesetzt. Wie ist mancher da überrascht über die unerwartete Demaskierung alter Denkgewohnheiten. Die in reiner Herzenseinfalt lebenden Menschen dagegen kennen solche negativen Gewohnheiten kaum, werden also auch seltener von Selbsttäuschungen heimgesucht. In der Regel bleiben sie gesund bis ins hohe Alter, nur dann und wann von vorübergehenden kleineren Gesundheitsstörungen belästigt. Diese verschwinden meist rasch, weil sie gelassen und klaglos hingenommen werden. Die niederen Gedankenmuster fehlen hier fast ganz oder werden schon in ihrer Entstehungsphase von den höheren Einsichten des Herzens lautlos überwunden. Sie werden gewissermaßen von einem wie angeboren erscheinenden Gefühl eines umfassenden Verständnisses für sämtliche Dinge des Lebens verzehrt und unschädlich gemacht. Herzenseinfalt, die nicht mit Beschränktheit verwechselt werden darf, ist eines der Lichter, welche die geistige Welt in uns entzünden möchte. Gerade die Herzenseinfalt legt das Fundament zu einer unbestechlichen und gelassenen Selbstbetrachtung.

Der Kern der Herzenseinfalt ist die Demut. Sie macht die Seele aufgeschlossen für die Aufnahme der höheren Gedankenmuster des göttlichen Bewußtseins. Natürlich ist nicht die Art von „Demut" gemeint, wie sie als Unterwürfigkeitshaltung von einem falsch verstandenen Frömmigkeitsideal hingestellt und gefordert wird. Eine solche „Tugend" ist in Wahrheit ein asketisches Laster, das sich von alten, krankmachenden Gedankenmustern und neu hinzukommenden mästet. Die wahre Demut ist eingebunden in die tiefe Ergriffenheit über das Sich-Einsfühlen mit Gott und dessen weisen Gesetzen, von denen seine Schöpfungen unablässig Zeugnis geben. Die wahre Demut wird auch keinesfalls berührt von den gewöhnlichen Schwächen, die jede Seele auf den Erdenplan mitbringt.

Faber läßt in seinem Büchlein „Selbsttäuschung – ein Spiegel der Seele" keinen Zweifel darüber aufkommen, daß die wahre Demut ohne die ihr innewohnende Herzensintelligenz nicht denkbar ist. Deshalb meint er auch wohl zu Recht, daß der Eigensinn (von den niederen Denkmustern genährt) die „Tatkraft der Dummheit" sei und folgerichtig ein dummer Mensch fast zwangsläufig auch eigensinnig sein müsse. Wörtlich sagt er in diesem Zusammenhang:

> „Das Bild des Schöpfers liegt in der Seele. Es muß nicht neu eingeprägt, es muß nur aufgefrischt, nur wieder lebendig werden. Wenn wir voll Ehrfurcht längere Zeit hindurch uns Gott in Einzelzügen vorstellen, so wird durch (die verborgen bestehende) Verwandtschaft Sein Bild in uns neu aufgehellt und scharf umrissen. All Seine Vollkommenheiten tragen das Merkmal der Wahrheit an sich, sind von einer Atmosphäre der Wahrheit umgeben. Die Nachbarschaft Gottes ist das Heimatland der Wahrheit. ..."

Wenn wir die niederen in die höheren Gedankenmuster unseres innersten Menschen verwandeln, gelangen wir in der Tat in die beglückende Nachbarschaft Gottes. Fabers gerade zitierte Textpassage könnte auch die Grundlage eines Heilgebetes bilden, das uns hilft, destruktiven und krankmachenden Gedankenmustern des alten Adam auf die Spur zu kommen.

Bailes hat, wie er dramatisch schildert, seine als einhellig unheilbar diagnostizierte Diabetes einzig allein durch die Löschung alter Gedankenmuster überwunden. So konnte er die kreative Schöpfermacht Gottes, welche nur Intaktes erschaffen will, in seinem Bewußtsein wecken und beleben. Und damit gelang es ihm nun auch, die in ihm selbst ruhenden gottähnlichen Schöpfereigenschaften aktiv werden zu lassen. Er beschreibt, wie er damit begann, seine Gedanken nach und nach vom Umkreisen seiner schwer funktionsgestörten Bauchspeicheldrüse zu lösen. Er legte unter anderem ein Gedankenmuster an, in welchem das Organ in seiner krankhaften Struktur als solches überhaupt nicht mehr existierte. Anders ausgedrückt: Er betrachtete alle seine Organe als Ideen des unendlichen Gottes, perfekt ersonnen und erschaffen. Und da, wie er sich versicherte, alle Ideen Gottes vollkommen sind, verschwand auch allmählich die Vorstellung des erkrankten Organs.

Er löschte die Bilder von Beflecktheit, Makel und Zerstörung und ersetzte sie mehr und mehr durch die unablässig konstruktiv tätigen Denkmuster der vollkommenen Gottheit. Und recht bald spürte er die manifestative Kraft dieses stetig schöpferisch drängenden Bewußtseins Gottes. Er bemühte sich, die Labortests weitgehend emotionslos zur Kenntnis zu nehmen, ganz so, als gingen all diese Zahlen ihn im Grunde gar nichts mehr an. Fast wie schlafwandlerisch übernahm er Gottes übergeordnete Sicht der Dinge. Er spürte, wie das kreative Gesetz nicht über die Gefühle, sondern über die vom konstruktiven Wollen geprägten Bilder zu arbeiten begann. Bailes war verblüfft über die lächerlich erscheinende Einfachheit des schöpferischen Gesetzes, erkannte aber gleichsam immer mehr, wie sehr einfach alle Dinge erscheinen, wenn wir sie nur durchschauen und verstehen.

Bailes hatte ein vollkommenes Bild entwickelt, das er nun im Geiste Gott übergab mitsamt einem Bündel all der früheren destruktiven Bilder und Vorbehalte. Er sah Gott wie einen großen Künstler, der nun mit Bailes eigenem Ideenmaterial ungestört und makellos arbeiten konnte. Am gelungenen Ergebnis dieser Arbeit hegte er nicht die geringsten Zweifel. Er sagte sich: „Ich bin froh, es in Gottes Hände gegeben zu haben. Er wird dafür Sorge tragen. ...“

Die allerersten Laborergebnisse, die nun folgten, waren nur geringfügig besser als die früheren. Einige Wochen später jedoch bemerkten die Ärzte verblüfft, wie Bailes' Bauchspeicheldrüse aus ihrer Lethargie zu erwachen begann, das Organ, das sie einmütig als schon so gut wie abgestorben betrachtet hatten. Die weiteren Testresultate zeigten immer deutlichere Verbesserungen in unregelmäßig verlaufenden Kurvenbewegungen. Bailes erkannte freudig, daß das übergeordnete kreative Gesetz in Tätigkeit getreten war. Jedoch wunderte er sich im weiteren Verlauf darüber, warum die eingetretene Fast-Gesundung noch nach weiteren sechs Jahren nicht in eine komplette Heilung einmünden wollte.

Einem Wünschelrutengänger vergleichbar ging er nun auf Suche nach etwa noch verborgenen Gedankenwebfehlern, die sich als noch nicht erkannte Reste von Selbsttäuschungen versteckt haben mochten. Und er wurde fündig. Bailes entdeckte noch mancherlei krankmachende Gedankenmuster. Er erkannte, daß auch in seinen Gebeten noch teils unvollkommene Gedanken nisteten, mit denen das Göttliche eben nur unvollkommen arbeiten und dementsprechend noch nicht völlig Vollendetes erschaffen konnte. Er arbeitete weiter an sich mit der Intensität eines Forschers, der nur noch einen Schritt vor dem Durchbruch steht. Beim nächsten Test strahlte der Laborassistent über das ganze Gesicht. „Nur noch eine Spur Zucker", verkündete er froh. Bailes aber war noch immer nicht ganz zufrieden. Von einem vollendeten Gesetz erwartete er auch vollendete Resultate.

Nachdem er noch einige überaus tief verborgene Spuren seines früheren Denkens entdeckt hatte, vertiefte er nochmals Wortlaut und Intensität seiner Heilgebete. Er fühlte in der Tat, wie seine Gedanken sich weiterhin veredelten und klärten. Bailes fühlte den unerschütterlichen Frieden Gottes in seine Seele einziehen. Das Bewußtsein des Schöpfers ordnete und lenkte sein Denken mehr und mehr. Zum ersten Mal war er während eines Abendspaziergangs zutiefst überwältigt beim Anblick des gestirnten Nachthimmels. Die Herrlichkeit seines strahlenden Schweigens entfachte einen nie gekannten Jubel in seinem Inneren. „Alles, was Du erschaffen hast, kann nicht anders als gut sein", frohlockte er glücklich. Beim nächsten Labortest hieß es denn auch lapidar: „Zucker: negativ". Und dabei ist es dann Zeit seines Lebens geblieben.

Auch heute noch steht vielfach im religiösen Denken die Einübung des innigen Sich-Einsfühlens mit Gott und seiner Schöpfung im Verdacht des Ketzertums. Manche Begriffe wie „Ganzheitliche Spiritualität" und „Vergöttlichung des Kosmos" müssen noch immer dafür herhalten, als ketzerisch eingestuft zu werden. Für eine solche Doktrin aber finden wir weder in den Aussagen Jesu noch in denen der Apostelbriefe eine Bestätigung. Vielmehr liegen genügend Selbstzeugnisse dafür vor, daß Menschen zum Beispiel in der beglückenden Betrachtung des funkelnden Nachthimmels (siehe auch Bailes) oder in der Anschauung einer im Blütenduft schwelgenden Hochgebirgswiese innere Gottesbegegnungen oder Christus-Visionen erlebten, die spontan ihr Bewußtsein verwandelten. Manche Mystiker des Mittelalters tauchten auf ähnliche Weise in die universale Tiefe des Gottbewußtseins ein.

Dem fortschreitenden Erstarken des Göttlichen Bewußtseins im Menschen muß zuerst die schonungslose Aufdeckung unserer zerstörerischen Gedankenmuster vorausgehen. Und dies gelingt wohl am besten durch die tägliche Betrachtung unserer eigenen Gedanken, und zwar bereits in ihrer Entstehungsphase. Im siebten Band des elfbändigen großen Evangelienwerkes von Jakob Lorber (1800–1864) belehrt Jesus die griechische Jüngerin Helias darüber mit folgenden Worten:

„... Du kannst denken, was du willst, so kannst du dadurch nicht sündigen, so dein *Herz* an einem unor-

38

dentlichen Gedanken kein Wohlgefallen findet. Findest du aber an einem schlechten Gedanken ein Wohlgefallen, so verbindest du auch schon deinen Willen mit dem schlechten, aller Nächstenliebe baren Gedanken und bist nicht ferne davon, solchen Gedanken, der einmal schon von deinem Wohlgefallen und von deinem Willen belebt worden ist, in die Tat übergehen zu lassen, wenn dir die Umstände günstig erscheinen und die Tat ohne äußere Gefahr zulassen. Daher ist die weise Überwachung der im Menschenherzen vorkommenden Gedanken durch das geläuterte Licht des Verstandes und der reinen Vernunft ja doch von der höchsten Wichtigkeit, weil der Gedanke der Same zur Tat ist. ...

Belebe keinen Gedanken und keine Idee eher zur Frucht, als bis du ihn vor dem Richterstuhl deines Verstandes und deiner Vernunft gehörig durchgeprüft hast! Hat der Gedanke da die Licht- und Feuerprobe bestanden, dann erst kannst du ihn zur Frucht oder Tat beleben ... aber nach etwas Unordentlichem, das offenbar wider die Nächstenliebe geht, soll es dich nicht gelüsten!"

Der heutige Mensch ist durch den unausweichlichen Umgang mit den Bedingungen und Vorgaben der modernen Lebens- und Arbeitswelt viel stärker als der biblische Zeitgenosse von unkontrollierten Gedankenmustern beherrscht. Es erscheint naheliegend, daß manche früher unbekannte Allergien, Seuchen und sonstige rätselhafte Krankheitsbilder mit dem Emotionsstreß in Verbindung zu bringen sind, in dessen übler Kerkerluft uns die oftmals überaus destruktiven Gedankenprogramme gefangen halten. Es ist also unbezweifelbar, wie sehr Jesu Warnung vor den Tendenzen des „Unordentlichen" gerade für unsere Zeit so relevant ist wie nie zuvor. Zusehends zerfallen zwischenmenschliche Beziehungen und Bindungen, zerbröckeln Freundschaften und Ehen. „Mobbing" und gnadenloser Wettbewerb quer durch alle sozialen Schichten erzeugen eine traumatische Palette von Unterlegenheitsgefühlen, Separierungskomplexen, abstrusesten Feindseligkeiten und Verständigungsverweigerungen. Überreizungen aller Art, Überlastungssyndrome, Blockaden und mannigfacher Verlustgroll machen uns das Leben sauer. Aber auch die verursachende, vermeintlich überlegene und triumphierende Seite sieht sich letztlich als Opfer: Unentbehrlichkeitsgehabe, Überlegenheitsgetue, Leistungsprotz und wahnhafte Rechthaberei produzieren ebenfalls krankmachende Gedankenstrukturen, welche dem unbewußten Harmoniebedürfnis der Seele zuwiderhandeln und jedwedes mögliche Erwachen göttlichen Bewußtseins schon im Ansatz erdrosseln.

Wenn der Mensch das kreative Denken Gottes in seinem Bewußtsein nicht zuläßt, so folgt er damit unwissentlich dem Weg der geringsten Widerstände. Anders gesagt: Er läßt sich treiben, gleichgültig, ob er zu denen gehört, die Schaden erleiden oder anderen zufügen. Die adäquaten Manifestationen stellen sich hier wie dort ein.

Es gibt wohl nur wenige, die sich ein kreatives Denken Gottes im Bewußtsein des Menschen vorstellen können. Aber tatsächlich erst dann, wenn wir von der Existenz dieses universalen Bewußtseins völlig überzeugt sind, beginnt es sich uns zu öffnen. Erst dann folgt der Prozeß einer vertiefenden Erfahrung des göttlichen Bewußtseins, das sich dann auch immer mehr im alltäglichen Leben auswirkt und zum Ausdruck bringt. Dies alles hängt natürlich auch von den individuellen Gegebenheiten ab. Jeder Mensch hat in dem vom individuellen Erfahrungsprogramm imprägnierten Bewußtsein eigentypische „Schwachstellen". Und genau durch solche Lücken, bröseligen Rissen in einer ansonsten festen Mauer vergleichbar, sickern erfahrungsuntypische höhere Eindrücke in das Außenbewußtsein der Seele. Bailes erkundete die individuellen Eigenheiten seiner Patienten auch dadurch, daß er sie anregte, jene Schwachstellen ihres alten Denkprogramms als Einflußkanäle für die Gedankenwelt des höheren Bewußtseins zu nutzen, um destruierende Denkmuster herauszufinden. Die Erfahrungen seiner Patienten förderten gleichzeitig auch Bailes eigenen kognitiven Erfahrungsprozeß.

Die meisten Menschen erleben nach der intensiven Bewußtwerdung ihrer destruktiven Denkmuster eine Art Schock, dem sich eine in Etappenkurven verlaufende Bewußtseinsveränderung anschließt. In diesem Übergangsabschnitt beginnt das höhere Bewußtsein bereits einzuwirken. Oftmals kommen hier bereits Krankheitsentwicklungen zum Stillstand, wenn die zwar noch fremden, aber dennoch wohltuenden Einflüsse in noch freie Nischen des Bewußtseins einzusickern beginnen. Die nun folgende Arbeit muß in der Art eines schrittweisen Austauschprogramms erfolgen. Bildlich stelle man sich dabei das Bewußtsein als eine leergeräumte Wohnung vor, die nun vom göttlichen Denken bezogen wird und dabei immer lichter strahlt.

Die Seele ist gewöhnlich leider allzu stark beherrscht von ihren individuell gebildeten Gedankenmustern. Also muß sie üben. Begeisterung sollte der Treibstoff für den Wunsch sein, sich ändern zu wollen. Durch tiefe Erlebnisse und Erfahrungen des Sich-Einsfühlens mit dem Göttlichen wird diese Begeisterung als Geisterfülltheit geweckt.

Manchmal sind wir unterwegs, vielleicht im Frühling, und sehen am Wegrand eine vorzeitig erblühte Blume. Sie tänzelt im lauen Wind und neigt sich zu Boden, denn eine nektardurstige Hummel krabbelt auf ihr herum. Sie erscheint wie verzückt von dieser frühen Gabe der Natur. Und plötzlich sind auch wir überwältigt, zuweilen zum Weinen gerührt. Unser innerstes Wesen scheint sich nach außen zu kehren. Alles, was uns früher als Glück vorschwebte, verschwindet nun vor diesem Gefühl. Wir haben uns auf eine ganz spontane Weise geöffnet für das höhere Bewußtsein, ohne meditative Vorbereitung, ohne irgendeinen Gedanken daran. Das Verständnis für Gottes liebevoll-kreatives Wirken in jeder Faser der stofflichen Welt hat uns heimgesucht und unser menschliches Wissen in eine höheres Wissen um alles verwandelt. Wir fühlen uns unversehens wie begnadet in dieser Sicht; gleichwohl aber empfinden wir die wohltuende Abwesenheit von Stolz oder Selbstzufriedenheit über die Gnade dieses Sich-Einsfühlens mit dem Schöpfer allen Lebens. Wie oft durfte ich diese wunderbare Erfahrung gnadenhaft erleben!

Eine unverhoffte Offenbarung ähnlicher Art könnte uns vielleicht eines späten Sommerabends droben am Polarkreis zuteil werden. Wir mögen am Ufer eines finnischen Sees stehen und das Schauspiel der untergehenden Sonne bewundern, ganz in der Erwartung ihres schweigenden Versinkens in den Wassern. Und plötzlich merken wir verblüfft, wie wir schon eine hübsche Weile vergeblich warten. Das Gestirn wandelt nämlich trödelnd am Horizont entlang, als zögere es, uns jetzt zu verlassen. Es scheint wie selbstverliebt sein mitwanderndes Spiegelbild zu betrachten. Und da endlich wird es uns bewußt: Wir befinden uns weit oben auf der Nordhalbkugel unseres Planeten und werden Zeuge eines Gesetzes der universalen Intelligenz, welches uns in den heimischen Breitengraden in dieser Wirkung nicht anschaulich bewußt werden konnte. Dann mag es sich wieder einstellen, dieses wundersam anrührende Erstaunen, in dem uns Gott im tiefen Schweigen begegnet, erhaben, und doch so nah, daß er eins wird mit der menschlichen Seele. Und wir beginnen ein wenig zu ahnen, daß uns das Göttliche nur deshalb so tief berühren kann, weil auch wir es in uns tragen. Damit hat uns völlig unversehens das Glück des Sich-Einsfühlens mit Gott überrascht. Denken Sie in diesem Augenblick an ähnliche Einheitserfahrungen, die Sie geschenkt bekommen, sei es in der Begegnung mit der Natur, während eines innigen Gebets, bei der Meditation oder im Schwingungsfeld der Liebe.

Dies ist es, was ein jeder Mensch im Alltag kultivieren kann. So viele wunderbare Dinge sind unserem Egobewußtsein durch Gewohnheit und Oberflächlichkeit selbstverständlich geworden. Aus einem solch verengten Blickfeld entspringen viele fatale Gedankenlosigkeiten, und sie sind oft durch die Gewohnheit des gleichmütigen Hinnehmens des Außergewöhnlichen zu erklären. Auch manche Formen der Meditation verfehlen oft das Sich-öffnen für das Außergewöhnliche. Es gelingt dabei nur selten, wahrhaft in die Sphäre göttlichen Bewußtseins einzudringen, weil man sich von bildhaften Vorstellungen nicht lösen kann. Man vermag auch hier nicht zu erkennen, daß das Ritual nicht ersetzen darf, was jeder nur auf seine ureigene Weise in sich selbst suchen und finden kann. Gerade in der Meditation kann sich das Innere für das Einströmen des göttlichen Bewußtseins öffnen und Kräfte empfangen, die krankmachende Gedankenmuster auflösen und heilen.

Vom heiligen Geist sagt man zu Recht, daß er weht, wo er will. Das gleiche muß wohl auch für die Erweckung und Kultivierung des göttlichen Bewußtseins im Menschen gelten. Es kann allerorten und zu jeder Zeit von unserem Leben Besitz ergreifen, vielleicht sogar mitten im Menschengewoge eines Kaufhauses oder im Trubel eines Volksfestes. Denn so wahr Weihnachten, Ostern und Pfingsten für den christusverbundenen Menschen nicht nur Kalenderzeiten, sondern permanente Seelenzustände sind, so wahr auch kann sich jedermann allzeit und überall mit dem alles durchdringenden Gottesgeist verbinden, wenn er sich öffnend es innig wünscht.

Wenn Gott durch uns denken kann, so können dies andererseits auch die Personalitäten der dunklen geistigen Seinswelten. Sie sind Trittbrettfahrer der Neigungen und Schwächen unseres Ego, die jenen noch ungereinigten Seelen verwandt sind. Den gründlichsten Einblick in den geistigen Mechanismus solcher Beeinflussungen gewährt der von Goethe hochgeschätzte schwedische Gelehrte, Seher und Mystiker Emanuel Swedenborg (1688–1772). Swedenborgs Schriften darf man zu Recht jenen nachbiblischen Offenbarungswerken zurechnen, die für die religiöse Bildung des Menschen unserer Epoche von großer Bedeutung sind.

Kapitel III

Destruktive Gedankenmuster und das konstruktive Bewußtsein des Göttlichen (nach F. Bailes)

Die Heilung seelischer und körperlicher Defekte

Die Darstellungen und Erläuterungen über die verschiedenen Krankheitsbilder aufgrund der reichen Erfahrung des Heilers Dr. Bailes sollen etwas Einblick gewähren in den geistigen Mechanismus, der bei der Etablierung destruktiver Gedankenmuster in Gang gesetzt wird und in der Folge zu manifestierten Krankheitserscheinungen der verschiedensten Art führen kann. Damit soll nicht gesagt werden, daß hiermit die alleinigen Ursachen der entsprechenden Krankheiten aufgedeckt werden. Aber der tiefe Zusammenhang des mentalen Bewußtseins mit einem kranken Körper kommt offensichtlich zum Ausdruck.

Auf die vielen Einzelheiten hinsichtlich der Erscheinungsformen all der uns beherrschenden Gedanken braucht nicht umfassend eingegangen zu werden. Es ist ohnehin die Hauptaufgabe der Betroffenen selbst, die individuellen Gedankenmotivationen zu analysieren, damit ein Aufklärungsprozeß der absoluten Ehrlichkeit in Gang gesetzt werden kann. Dabei wird die allgemeine Neigung der Menschenseele deutlich, das Erwachen eines höheren Bewußtseins durch eine vorherrschende Haltung der Passivität zu behindern.

Die Heilgebete sind kurz gehalten und sollen nur als richtungsgebende Vorschläge zu verstehen sein. Sie sollten durch Worte des eigenen Empfindens ergänzt werden. Wortwiederholungen und durch Selbstmitleid belastete Formulierungen sind möglichst zu vermeiden.

Auch sollte bedacht werden, daß die Veränderung einer Situation mehr erfordert als nur die Korrektur gewachsener Denkmuster. Um den göttlichen Gedankenfluß in Gang zu setzen, ist ein tiefer Glaube notwendig, der Hingabe und Vertrauen in sich birgt.Erst dann kann sich dieWirkung göttlicher Kraft entfalten.

A) Destruktives Gedankenmuster des Ego:

Verlust und Gefühl der Isolation – Vereinsamung

Verbaldiagnose des Betroffenen:
„O dieser Verlust, diese Trennung!"

Konstruktives Bewußtsein des Göttlichen:

Unteilbare Einheit

Spiritueller Zuspruch als Therapie-Impuls:
„Nichts kann im unendlichen Bewußtsein verlorengehen."

Einige der Probleme, die aus den oben angeführten destruktiven Gedankenmustern erwachsen können:

Verlust organischer oder geistiger Gesundheit,
Verlust von Besitz, Arbeit, Geschäft, Kundschaft,
berufl. Position.
Verlust von gutem Ruf, Liebe, gutem Aussehen, Agilität,
Verlust/Trennung von Angehörigen und Freunden.

Heilgebet für die Überwindung des Grundproblems:

Nichts ist im göttlichen Bewußtsein verloren. Das Höherbewußte in mir weiß, wo und wie das, was ich als Verlust empfinde, geheilt werden kann. Wenn das verloren Geglaubte für mich wichtig ist und im göttlichen Plan meinem Heile dient, werde ich es in der stets gegenwärtigen Schöpfermacht Gottes wiederfinden. Das Höhere Bewußtsein erleuchtet mich, so daß ich erkenne, wie ich wieder gewinnen kann, was mir verloren scheint. Ich weise den Gedanken zurück, daß überhaupt etwas verloren gehen könnte, was für mich heilsam und gut ist. Ich glaube, daß die tiefste Wirklichkeit Einheit und Nichttrennung ist. Also werden alle Dinge in meinem Leben immer am richtigen Platz sein.

Sorge, Ängste und Trauer sind Probleme, die vom Ego-Bewußtsein meines äußeren Menschen produziert werden. Mein tiefster Wille ist, daß mich mein innerstes Wesen von ihnen frei macht.

B) Destruktives Gedankenmuster des Ego:

Behinderung – Verzögerung – Frustration – Widerstand

Verbaldiagnose des Betroffenen:
„Diese Person (Ort/Gegenstand) ist mir feindselig
gesinnt oder schadet mir.
Man setzt sich nicht für mich ein.
Ich fühle mich blockiert."

Konstruktives Bewußtsein des Göttlichen:

Widerstandslosigkeit – Gelassenheit – Zuversicht

Spiritueller Zuspruch als Therapie-Impuls:
„Nichts kann dem unaufhaltsamen Fluß des göttlichen
Reichtums widerstehen."

Einige der Krankheitsbilder und der Probleme, die aus den oben angeführten destruktiven Gedankenmustern erwachsen können:

Schnupfen, Katarrh, Kreislaufbeschwerden, Unwohlsein, Verstopfung, Koronare Erkrankungen, Taubheit, Embolie, Arterienverkalkung.

Stockend verlaufende Geschäfte, verzögerte Fortschritte in Liebe und Ehe, Verschuldung, Finanzprobleme, berufliche Beförderung, Verkauf von Eigentum.

Heilgebet für die Überwindung des Grundproblems:

Die Hindernisse, die ich in der äußeren Welt zu sehen gewohnt bin, entstehen in mir selbst. Sie sind durch die falsche Einstellung mir selbst und den universalen Gesetzen Gottes gegenüber verursacht.

Ich lebe in der Zuversicht, daß alles, was ich als Sehnsucht in mir trage, eine Aufforderung des Göttlichen darstellt, sich in mir tätig zum Ausdruck bringen zu wollen.

Gott kann sich nichts entgegenstellen. Ich verbinde meinen Willen mit dem konstruktiven Willen Gottes und lebe in der Zuversicht, daß seine Gegenwart mich erfüllt und der lebendige Fluß seiner Kraft in mir immer stärker wird.

C) Destruktives Gedankenmuster des Ego:

Überlastung – Streß – Überforderung,
sich unfähig fühlen

Verbaldiagnose des Betroffenen:
„Ich kann dies alles nicht bewältigen!"

Konstruktives Bewußtsein des Göttlichen:

Kraftbewußtsein – Gleichmut – Einfallsreichtum – Hingabe

Spiritueller Zuspruch als Therapie-Impuls:
„Meine Kraft entspricht den Anforderungen des Lebens."

Einige der Krankheitsbilder und der Probleme, die aus den oben angeführten destruktiven Gedankenmustern erwachsen können:

Alkoholismus, Blutarmut, hoher Blutdruck, Herzklopfen, nervöser Zusammenbruch, Lähmung, Übergewicht.

Ängstlichkeit, Groll auf Erfolgreiche, Minderwertigkeitskomplexe, unangemessene Hast mit schlimmen Folgen, Mißerfolge, Mutlosigkeit.

Heilgebet für die Überwindung des Grundproblems:

Für Gott gibt es absolut nichts, was ihn begrenzen könnte. Er ist absolut frei, und für liebende Macht gibt es keine Hindernisse.

Da auch ich eine lebendige Äußerung des göttlichen Geistes bin, fällt es mir als seinem Ebenbild in seiner Kraft leicht, jede Last zu tragen. Also bin ich fähig, jede Lebenssituation zu meistern. Und so erlaube ich auch keinem krankmachenden Gedanken, sich in mein Denken einzuschleichen.

Ich lade alle verfügbaren Kräfte des Unendlichen ein, mein Bewußtsein zu durchdringen, damit letztlich das Göttliche allein meine gesamte Lebensführung übernehmen möge.

Wenn Gott in mir lebt, bin ich allem gewachsen.

D) Destruktives Gedankenmuster des Ego:

Ungeduld – Reizbarkeit – Verärgerung

Verbaldiagnose des Betroffenen:
„Ich fühle mich angegriffen, gereizt und verärgert."

Konstruktives Bewußtsein des Göttlichen:

Ruhe – Ausgeglichenheit – Harmonie – Friede

Spiritueller Zuspruch als Therapie-Impuls:
„Nichts um mich herum hat die Kraft, mich zu
beunruhigen oder zu reizen."

*Einige der Krankheitsbilder und der Probleme, die aus den
oben angeführten destruktiven Gedankenmustern erwachsen
können:*

Ekzeme und Hautreizungen,
Alle Krankheiten mit den Endungen „-itis" (Entzündungen),
Geschwüre, Schuppen, Katarrh, Nasennebenhöhlen-
entzündungen, Gallenblasenleiden.

Überempfindlichkeit gegen Kritik und anderen Meinungen,
Intoleranz gegen Abweichendes, Uneinsichtigkeit,
Rechthaberei.

Heilgebet für die Überwindung des Grundproblems:

   In meinem Innersten existiert eine Welt, die vollkommen
frei ist von jeder Art von Unsicherheit oder Reizbarkeit. Sie ist
der geheime Ort des Allerhöchsten. Dort herrscht größte
Ruhe, Friede, Harmonie, Freiheit, Kraft und Überlegenheit. In
der Kraft des göttlichen Bewußtseins kann niemand hier
gegen meinen Willen und ohne meine Zustimmung eindrin-
gen. Ich werde mich durch keinen Eindringling und durch

keinerlei äußeren Geschehnisse reizen oder beunruhigen lassen. Meine Seele bleibt jedem Übel gegenüber gefaßt. Gott will und verwirklicht seinen Frieden in mir.

E) Destruktives Gedankenmuster des Ego:

Zurückweisung – Ablehnung

Verbaldiagnose des Betroffenen:
„Die Leute schauen auf mich herab und mögen mich nicht."

Konstruktives Bewußtsein des Göttlichen:

Selbstbewußtsein

Spiritueller Zuspruch als Therapie-Impuls:
„Ich kenne meinen wahren Wert."

Einige der Krankheitsbilder und der Probleme, die aus den oben angeführten destruktiven Gedankenmustern erwachsen können:

Verrenkungen, Knochenbrüche, Netzhautablösung.

Geschäftliche Fehlschläge, Unschlüssigkeit, Schüchternheit, Panik, unterdrückte Wut, Selbstherabsetzung, Mißverstandenwerden von anderen, Verständigungs- und Ausdrucksschwierigkeiten, mißglückende Liebes- und Freundschaftsbeziehungen.

Heilgebet für die Überwindung des Grundproblems:

Es gibt nur einen Gott, dessen Ebenbild ich bin. Ich fühle mich eins mit diesem Gott, in wirklich jeder Hinsicht. Im Empfinden dieser Einheit bin ich besser, weiser, stärker und attraktiver, als ich mir es selbst zugestehe.

Ich habe mich bisher herabgesetzt und unterbewertet. Andere mögen diese selbstgeschaffene Gedankenatmosphäre um mich herum gespürt haben.

Von nun an werden sie eine völlig geänderte Bewußtseinskraft wahrnehmen, weil ich im zunehmenden Gewahrsein des Eins-Seins mit dem Göttlichen ganz sicherlich mehr und mehr meinen wahren Wert empfinden werde. Denn jeder Teil von mir ist in Wahrheit verbunden mit allem Erschaffenen wie auch mit Gott selbst. In diesem Glauben erkenne ich meine wahre Größe. Sie kann weder zurückgewiesen werden noch sich zurückgewiesen fühlen.

F) Destruktives Gedankenmuster des Ego:

Feindseligkeit – Kampf gegeneinander –
Nichtverstehen

Verbaldiagnose des Betroffenen:
„Die Menschen sind gegen mich!
Sie verstehen mich nicht!"

Konstruktives Bewußtsein des Göttlichen:

Kein Machtkampf – Geduld und Offenheit –
Friedfertigkeit

Spiritueller Zuspruch als Therapie-Impuls:
„Die Menschen sind meine Schwestern und Brüder."

Einige der Krankheitsbilder und der Probleme, die aus den oben angeführten destruktiven Gedankenmustern erwachsen können:

Allergien, Heu-Fieber, Migräne, Virus-Infektionen,
Furunkel, amoebische Infektionen, bakterielle Infektionen,

Leukämie, Asthma (bei Kindern häufig bei Feindseligkeiten zwischen den Eltern).

Unerklärliche Feindseligkeiten anderer uns gegenüber, Mangel an Kooperation, Bosheit, Eifersucht, Streitsucht, Klatsch, Kritiksucht.

Heilgebet für die Überwindung des Grundproblems:

Ich bin eine der Zellen im Leib Gottes; so kann grundsätzlich keine Feindschaft sein zwischen mir und jeder anderen Zelle. Also wird es keinen selbstsüchtigen Wettstreit mehr geben zwischen mir und anderen, denn wir alle sind miteinander verbunden und füreinander da, bewußt oder unbewußt.

Ich bin gegenüber jedem versöhnlich eingestellt. Der mir Unrecht getan hat, dem vergebe ich. Auch will ich keine Verdächtigungen hegen gegen Menschen, die mir keinen Schaden zugefügt haben. Ich glaube daran, daß das Gute in allen Menschen wächst, damit wir schließlich alle gleichermaßen vom Bewußtsein Gottes mehr und mehr durchdrungen werden können.

Grundlegende Zusammenfassung

Die sich fortpflanzende Gedankenwelt des Ego
unter dem Ausgangsbegriff
„Eltern-Gedanken" endet in:

Falschen Handlungen
mit daraus erwachsenden
negativen Manifestationen.

Fatale Schlußfolgerung:
„Krankheit, Verdruß und Kummer sind natürlich."

Das permanent konstruktive Denken und Wollen
Gottes unter dem Ausgangsbegriff
„Meister-Bewußtsein"
führt durchweg zum

Richtigen Handeln
ohne die Folgeerscheinungen negativer
Manifestationen.

Schlußfolgerung:
„Gesundheit und Freude sind natürlich."

Demgemäß werden Probleme aller Art aus den fortzeugenden destruktiven „Eltern-Gedanken" geboren:

Vielerlei Krankheiten, Schwierigkeiten und Sorgen, Handlungsunfähigkeit, Aufruhr, Enttäuschung, Geltungssucht, Revanchegelüste und so vieles mehr.

Allgemeines Heilgebet für die Bewältigung von Problemen aller Art:

Das Universum gründet auf dem uneingeschränkten Gesetz, daß Gott in seinem schöpferischen Tun vollkommen ist. In diesem kreativen Bewußtsein drücken sich Gottes Geist aus und seine Absicht, stets nur das Vollkommene in seiner Schöpfung zu wollen. Ich bin ein Teil dieser Schöpfung und damit auch Teil der Vollkommenheit Gottes.

Einzig mein falscher und schwacher Glaube kann das Wirken Gottes und das daraus resultierende richtige Verhalten und das rechte Handeln verhindern. Daher suche ich mit meinem Willen, das Rechte in Erscheinung zu bringen. So oft sich das Falsche manifestiert, werde ich wissen, daß es aus meinen falschen Denkmustern auftaucht. Ich werde diese entschlossen auflösen und in den Webstuhl meines Bewußtseins eine neue Spule einsetzen, um den Webfaden eines neuen Denkens in Bewegung setzen zu können. Täglich übergebe ich mich der prägenden Kraft des Göttlich-Vollkommenen. Damit wird mein Wille immer mehr eins mit dem göttlichen Willen.

Die Auflistungen und Erläuterungen der Krankheitsursachen auf den vorangegangenen Seiten sind gewissermaßen auch Psychogramme des Industriezeitmenschen. Dieser wird zweifellos immer mehr zum Opfer seiner unbefriedigten oder fehlgeleiteten Sehnsüchte.

Der unerhörte Streß der modernen Lebens- und Arbeitswelt zeigt zusehends seine Auswirkungen auch im Zerfall zwischenmenschlicher Verantwortung, im Mißachten sozialer Bindungen und gleichermaßen in zunehmenden Ängsten vor engen Beziehungen auch zwischen den Geschlechtern. Ganz erschreckend zudem ist die allseits mangelnde Bereitschaft zu Schuldeingeständnissen, selbst wenn die Beweislage eindeutig ist. Es scheint sogar als eine besonders clevere Art von Überlebenssport betrachtet zu werden, die eigene Verantwortung nicht anzuerkennen und anderen erfolgreich die Schuld zuzuweisen. Wenn wir die Welt, ihre fast unlösbaren Probleme, das widergöttliche Verhalten vieler Menschen betrachten, dann versteht man das Wort der Bibel, daß wir in einer Epoche leben, in welcher der Teufel „wie ein brüllender Löwe" umhergeht, weil er das Ende seiner Herrschaft herannahen fühlt. Auch das ist ein Zeichen, daß sich das göttliche Bewußtsein in den Menschen manifestieren will, daß sich das Reich Gottes in den Herzen der Menschen offenbaren will. Nie also waren Menschen so spirituell gefordert wie die jetzt Lebenden.

Frederick Bailes war aufgrund seiner Beobachtungen und zahlreichen Heilerfolge völlig davon überzeugt, daß zwischen destruktivem Denken und Krankheiten enge Zusammenhänge bestehen müssen. Sicher aber wollte er damit nicht gleichzeitig behaupten, daß man falsches Denken allein als Ursache für alle Krankheiten zu betrachten habe. Viele seuchenartige Krankheitserscheinungen unserer Zeit sind Folgen naturferner Ernährung. Industriell aufbereitete Nahrungsmittel mit künstlich gedehnter Haltbarkeitsdauer verdrängen natürlich gewachsene Lebensmittel mit typisch kurzen Haltbarkeitswerten. Aber gerade diese sind für den Organismus so lebensnotwendig, denn sie stärken auch die Immunkräfte. Die ungestörten organischen Funktionen beruhen auf den göttlichen Gesetzen der universalen Harmonie. Ihnen gemäß *will* Milch sauer, *will* Butter ranzig werden. Reife Tomaten, Äpfel und Orangen wollen, sofern sie nicht alsbald verzehrt werden, nun einmal verfaulen nach dem weisen Willen ihres Schöpfers. Die Konservierungsstoffe, die man beifügt, wirken auch in den Zellen unseres Körpers fort und bringen dabei den Prozeß natürlicher Abläufe ins Stocken oder zum Erliegen. Zusätzlich noch werden mittels der Gentechnologie die geistigen Erbanlagen der Pflanzen aus der Bahn ihrer natürlichen Gesetzmäßigkeit gezwungen. Warner mit Durchblick prophezeien daraus erwachsende Allergien, die in ihren Auswirkungen seuchenartigen Lebensmittelvergiftungen entsprechen sollen. Die Medizin wird mit ihrem Latein am Ende sein, wenn das manipulierte Erbgut die Umwelt zu durchseuchen beginnt. So sehen es jedenfalls all jene kommen, die noch ihr Gewissen spüren und denen Verantwortung noch ein vertrauter Begriff ist.

Vielleicht wird ein völlig neues Konsumverhalten die einzig mögliche Art eines äußerlichen Widerstandes sein, der die Zustände verändern wird. Dennoch sollte alles, was wir tun und lassen, im Vertrauen darauf geschehen, daß das Destruktive in all seinen Erscheinungsformen letztlich vom alles durchdringenden Bewußtsein Gottes überwunden werden wird. So betrachtet, müßte es uns doch mit Freude und Zuversicht erfüllen, daß wir aufgefordert sind, an diesem großen Transformationsprozeß mithelfen zu dürfen. Befreien wir uns also von krankmachenden Ängsten. Wir dürfen dem Neuen unverzagt entgegensehen. Lassen wir es in uns beginnen. Es steht uns frei, Gottes Bewußtsein zu empfangen. Erfüllen wir uns mit Freude und der Hoffnung, daß Gottes liebende Macht alles zu erneuern und zu heilen vermag.

Kapitel IV

Das Entstehen krankmachender Gedanken-
muster und deren Manifestationen

Wie besser als am Beispiel betroffener Menschen und ihrer
ganz individuellen Erfahrungsprozesse ließe sich demonstrieren, wie sehr das kreative Bewußtsein des Göttlichen unseren
destruktiven Gedankenmustern überlegen ist. Deshalb sollen
die Fallbeispiele, die für Bailes besonders lehrreich waren, in
diesem Kapitel noch einmal ausführlich analysiert werden.

Eine treffliche Vorbetrachtung Bailes', die an ein Jesus-
Wort anknüpft, sei hier vorangestellt. Es betrifft den berühm-
ten Ausspruch, der noch immer so viele ratlos macht, weil sie
ihn bloß materiell verstehen. Er lautet: „Denn wer da hat, dem
wird gegeben, daß er die Fülle habe; wer aber nicht hat, von
dem wird auch genommen, was er hat" (Matth. 13,12).

Bailes war anläßlich eines Gefängnisbesuches in Kaliforni-
en aufgefallen, wie die Mehrheit der Häftlinge im Gespräch
mit ihm über diese Bibelstelle nachhaltig die Anschauung ver-
teidigte, daß die Reichen immer reicher, die Armen aber
immer ärmer würden. Als er ihnen beipflichtete, erschrak er
nichtsdestoweniger: Keiner seiner einsitzenden Gesprächs-
partner schien Jesu' Ausspruch auch nur annähernd geistig zu
begreifen, nämlich als Hinweis auf die Unwandelbarkeit eines
kreativen Gesetzes des universalen Bewußtseins. Manche der
inhaftierten Einbrecher und Kriminellen mochten sogar glauben, daß ihr Verbrechen als materielle Umverteilungsmaßnah-

me gerechtfertigt sei, wenn man Jesu' Ausspruch als resignative Äußerung über den bedauerlichen Zustand der Welt verstehe.

Selbstverständlich lassen sich die Worte Jesu auf diese Art nicht sinnvoll interpretieren. Aber im Mißverständnis ihres wahren Sinns verbirgt sich gleichzeitig die unbewußte Anerkennung dessen, daß das manifestative Gesetz des kreativen Bewußtseins sich gleichermaßen auf der materiellen Ebene auswirkt. Denn die betreffenden Jesus-Worte waren auch als Hinweis auf die Macht des menschlichen Denkens und Wollens zu verstehen, gesetzeskonform mit der Macht *göttlichen* Denkens und Wollens. Der Unterschied liegt lediglich darin begründet, daß der Mensch allein jene Macht auch destruktiv und materiell zu nutzen pflegt. Und das ist der Grund, warum Reiche, sofern sie überwiegend die Vermehrung ihres Wohlstandes wollen und planen, letztendlich immer reicher werden müssen, während Arme durch die manifestativen Gedankenmuster des Grolles, des Neides und der Selbstgeringschätzung den Konstruktionsplan für ein ärmliches Leben abliefern. Wahr ist allerdings auch, daß in einer immer kränker werdenden Welt durch die teils gewalttätige Unterdrückung der Armen letztere keine Möglichkeit mehr sehen, selbst mit dem positivsten Denken und Wollen aus den roten Zahlen ihres materiellen Daseins herauszufinden.

Es geht um Beispiele des innerlichen Armseins, die hier beschrieben werden sollen. Sie sind vor allem begründet in den Denkmustern von mangelndem Selbstwertgefühl, Neidgefühlen, Groll, Ängstlichkeit und Schüchternheit. Beginnen wir mit dem erstaunlichen Fall der wundersamen Verwandlung einer jungen Lehrerin. Sie gehörte zur Spezies jener bedauernswerten Pädagogen, die von ihren Schülern nie ernstgenommen zu werden scheinen. Wir kennen das Bild: Über allen Bänken und Tischen ist Aufruhr, nicht Ruh'. Die spöttischen Blicke der Jugendlichen pflegen aufzusteigen wie feindliche Raketen, die ihr Ziel suchen. Und das Ziel ist eindeutig die völlig frustrierte Lehrperson vorn am Pult. Miss Blue war eine von diesen. Sie skizzierte ihre Situation folgendermaßen:

„Ich habe die schlimmste Art von Schülern. Sie sind eine Bande kleiner Raufbolde und bringen mir nur wenig Aufmerksamkeit entgegen. Wenn sie mich auf dem Schulhof grüßen, so kichern sie geringschätzig. Ich fühle mich als Versager. Alles, was ich tue, geht daneben. Es scheint mir sogar, daß sie sich hinter meinem Rücken über mich lustig machen. Manchmal überfällt mich die Furcht, daß man mich am Ende des Schuljahres entlassen könnte."

Sie wußte, daß es so nicht weitergehen durfte. Bailes' Ratschläge veränderten ihr Leben. Als erstes versuchte sie, etwa fünfzehn Minuten in ihrem Klassenzimmer stillzusitzen, nachdem ihre Schüler gegangen waren. Sorgfältig zurückblickend analysierte sie dabei alle kleineren und größeren Vorfälle und entdeckte auf diese Weise so mancherlei Schwachpunkte ihres Verhaltens. Zu Hause angekommen, machte sie es sich bequem und setzte darauf ihre Gedankenarbeit fort. Vor ihrem geistigen Auge wurden die Konturen von Ursache und Wirkung immer schärfer. Sie erkannte, daß ihre Denkmuster des Unterlegenheitsgefühls provozierend manifest geworden waren im Verhalten und Reagieren ihrer Schüler.

Fortan kultivierte sie einen selbstbewußt-liebevollen Umgangston. Sie beobachtete, wie auch die Kinder sich dementsprechend zu verändern begannen. Vorwitzige wurden höflicher, Mürrische wurden freundlicher, und sogar die Spötter fanden keinen Spaß mehr an ihrem Hohn. In einstmals teilnahmslos wirkenden Gesichtern kann hier und da ein Lächeln auf, und sie erkannte, daß dies auch irgendwie ein Ausdruck von Dankbarkeit war. Denn sie hatte das Geben gelernt, was einfach darin bestand, sich nicht mehr gering und isoliert zu fühlen, sondern ihr innerstes Wesen zum Ausdruck zu bringen. Nun empfand sie sich nicht mehr als unterbewertet, sondern als Teil eines großen Ganzen, in welchem jeder den ihm zustehenden Platz ausfüllte.

Die Überwindung ihrer alten Gedankenmuster hatte sie reicher gemacht. Viele kleine positive Begebenheiten ihres Berufsalltags, die ihr vormals nie aufgefallen wären, sammelte sie nun wie winzige Goldkörnchen, deren Gewicht sich ständig vermehrte. Indem sie sich damit in das Gesetz des konstruktiven Bewußtseins Gottes einreihte, entfloh sie endlich den Slums ihrer geistigen Isolation.

Auch das Beispiel eines reichlich erfolglos gewordenen Geschäftsmannes verdient in diesem Sinn erwähnt zu werden. Obwohl er physisch nicht träge war, konnte er monatelang keinen Verkauf mehr tätigen, was ihn zusehends verbitterte. „Ich arbeite härter als üblich und tue wirklich mein Bestes", klagte er, „aber dennoch haben andere mehr Erfolg als ich!"

Bailes konnte ihn allmählich davon überzeugen, daß er in Wahrheit aus der Tiefe seines Denkmuster-Bewußtseins gar keinen geschäftlichen Erfolg wünschte. Und das aus folgendem Grund: Jener Geschäftsmann hatte eine außerordentliche Abneigung gegen die materiellen Hilfegesuche seiner in Not geratenen Exehefrau. Sie lebte am Rand der Verwahrlosung in trostloser Umgebung, ihr einstiger Ehemann aber schien jegliche Anerkennung einer Beistandspflicht aus seinem Denken verbannt zu haben. Nachdem er durch die Hilfe Bailes' erkennen durfte, daß man anderer Menschen Wohl nicht untergraben kann, ohne eigenen Schaden zu erleiden, wurde ihm klar: Er war in den Mechanismus eines unumstößlichen Gesetzes geraten. Nur deshalb war es so unverzüglich zur Auswirkung gekommen, weil er durch den unbewußt entwickelten Wunsch, keine Geschäfte mehr abschließen zu wollen, um nicht helfen zu müssen, sich „arm" gemacht hatte.

Dieser Geschäftsmann blieb nicht mehr lange der, der er geworden war. Sobald er intensiv und tiefgreifend über sich und seine falschen Gedankenmuster und die damit verbundenen Folgen nachgedacht hatte, wurde er, wie Bailes bezeugt, einer der „liebenswürdigsten und gütigsten Menschen", die er jemals getroffen hatte. Er schien wie neu geboren. All seine Feindseligkeit gegenüber seiner Exfrau war verflogen. Er versorgte sie nun großzügig, und seine Geschäfte liefen plötzlich wie nie zuvor. Zum ersten Mal in seinem Leben fühlte er sich umfassend bereichert. Und zu seiner Überraschung mußte er bald darauf für seine geschiedene Frau keinerlei Sorge mehr tragen, da sie sich mit einem erfolgreichen Geschäftsmann glücklich neu verheiratete.

„Denn wer da hat, dem wird gegeben, daß er die Fülle habe …" Schöner konnten sich Jesu Worte nicht erfüllt zeigen als in diesem Fall. Aber wie oft übersehen wir, wenn sie auf uns selbst zutreffen.

Warum sich fürchten?

Man sagt, daß Furcht das Übel herausfordert, gewissermaßen also die Vorsehung provoziert. Daß aber auch hier nichts anderes als der Konstruktionsplan unserer Gedankenwelt zugrunde liegt, ist jedoch nur wenigen bewußt.

In den Erfahrungsberichten Frederick Bailes findet sich neben anderen Fallbeispielen die Schilderung einer Frau, die nach der gründlichen Aufdeckung ihrer alten Denkmuster völlig frei wurde von Mißtrauen, vielschichtigen Ängsten und

Todesfurcht. Mrs. Tremble war, wie Bailes versichert, anfänglich das ängstlichste Wesen, das ihn je aufgesucht hatte. Aus Angst vor Krankheiten aller Art war sie stets damit beschäftigt, sich die in Zeitungen, Funk und Fernsehen angepriesenen Heilmittel zu beschaffen. Geplagt von den abstrusesten Ängsten, befand sie sich ständig in einer aggressiven Gefechtshaltung. Zwischen dem Benutzen von allerlei Fitneßgeräten nahm sie Gesundheitstees und gewichtsreduzierende Pillen zu sich, probierte im Verlauf ihrer Bemühungen mehrere Heilmethoden aus, konsultierte wohl ebenso viele Ärzte, und gelangte schließlich, von immer mehr Ängsten gejagt, zu Dr. Bailes.

„Alle vorigen Ärzte scheinen mir Betrüger zu sein", war ihre verbitterte Begrüßung. „Sie wollen nur mein Geld, tun aber nichts. Sie sind meine letzte Hoffnung; ich bin am Ende, sofern auch Sie mich nicht heilen können. Haben Sie nicht auch meinen Schwager von Diabetes geheilt?"

Bailes bejahte, erklärte aber, daß er nicht durch Auflegen der Hände heile, wie es Glaubensheiler tun. Des weiteren beschrieb er, wie er ihrem Schwager lediglich Hilfestellung gegeben habe bei den Bemühungen um die Befreiung von destruktiven Denkmustern. „Nur auf diese Weise kann ich Ihnen helfen", entschied er. Sie war noch nicht am Ende ihrer Vorbehalte und Einwendungen. Mrs. Tremble sprach unter anderem auch von ihrem Fahrer, der sie chauffieren müsse, da sie am Steuer ihres Autos nicht von einer Ohnmacht oder einem Herzanfall überrascht zu werden wünsche.

„Macht es Sie gesünder, ständig den Puls zu fühlen oder dem Knistern der verhärteten Arterien zu lauschen?", fragte Bailes mit gelindem Spott. „Hatten Sie denn jemals eine Ohnmacht?"

„Nein, aber ich erwarte sie eines Tages. Einer meiner Doktoren sagte …"

„Mrs. Tremble", unterbrach Bailes aufmunternd, „warum sagen Sie denn nicht einmal bloß: ‚So was!'? Weshalb schnippen Sie nicht einfach mit den Fingern und erklären: ‚Alles nur Bluff, die stolpernden Herzschläge, die gelegentliche Kurzatmigkeit und all diese oberflächlichen Symptome!' – Sind sie nicht allesamt wie ein eingebildeter Einbrecher, versteckt unterm Bett? Lachen Sie ihnen doch ins Gesicht!"

Das war eine unverschämt neue Perspektive. Nur noch einen winzigen Einwand hatte Mrs. Tremble, bevor sie die Waffen streckte, doch er klang beinahe schon einsichtsvoll: „… Aber ich habe doch wirklich ein schwaches Herz, Dr. Bailes …"

Und dann geschah etwas, was selbst diesen überraschungsgewohnten Heiler in Erstaunen versetzte. Die Frau, die dreizehn Jahre lang unzufrieden von Arzt zu Arzt und von Therapie zu Therapie gehastet war, erklärte nun ganz ruhig: „Die Idee des Finger-Schnippens gefällt mir ausgezeichnet, ja selbst dem Tod gegenüber. Ich denke, jetzt ist die Zeit, das Blatt zu wenden!"

Wie sie ihm dann später berichtet hatte, war sie daraufhin eigenhändig am Steuer ihres Autos nach Hause gefahren, hatte danach sämtliche Mittelchen und Medikamente in den Müll befördert und augenblicklich ihre völlige Unabhängigkeit von allen möglichen Übeln erklärt. Sie wurde, wie Bailes berichtet, sogar eine der erfolgreichsten spirituellen Heilerinnen. Und nebenbei verlor sie ohne irgendwelche reduzierende Arznei sogar vierzig Pfund an Gewicht.

Es mag einleuchten: Furcht wird entwickelt, ist also nicht angeboren. Auch Psychologen sehen dies kaum anders, selbst wenn sie überwiegend noch immer das Potential der alles durchdringenden universalen Schöpferintelligenz außer Betracht lassen. Bailes erinnert daran, daß der Mensch nur mit zwei angeborenen kreatürlichen Ängsten in die Welt tritt: Zum einen ist es die Angst vor plötzlichem lauten Lärm, und zum anderen die Angst vor dem Verlassenwerden. Alles andere wird dann allmählich über ein Mosaik von erworbenen Erfahrungen und Eindrücken in die niederen Denkmuster des Ego umgesetzt.

Zum Teil erscheinen da furchterregende Vorstellungen und andere gespenstische Phantome auf der Bildfläche unseres Bewußtseins. Sie plagen uns oft das ganze Leben lang, und wir ahnen nicht einmal, daß sie nichts anderes sind als unsere schlechten mentalen Gewohnheiten und Gedankenmuster. Wie leicht könnten wir den Pfad der Befreiung finden.

Sich der Furcht überlassen heißt Krankheit wählen, denn letztere ist das Kind der Furcht. Wir sollten solche Kinder, ehe sie groß und herrschsüchtig werden, an den Felsen unseres Geistes zerschellen lassen, lehrt bildlich der Psalmist. Und da wir bei den Bildern sind: Ist unser gewöhnliches Bewußtsein nicht einer Bildergalerie vergleichbar, in der zuweilen Bilder ausgewechselt werden? Manche hängen nur kurz, andere länger, und einige sogar das ganze Leben lang, obwohl sie nicht immer zu den schönsten zählen. Im Zuge einer gewissenhaften Innenschau verblassen sie jedoch und verlieren allesamt nach und nach ihre Umrisse. Neue, übergeordnete Formen von größerer Klarheit treten an ihre Stelle. Unsere Aufgabe besteht nun darin, dem Guten, der Wahrheit, dem Edlen und der Schönheit in unserem Bewußtsein einen dauerhaften Platz zu verschaffen.

Ein besonderes Problem in diesem Zusammenhang stellen die Massenmedien dar. Viele Menschen sind heute vom Fernsehen abhängig und lassen sich jeden Tag von vielen schrecklichen Bildern beeinflussen. Viele Programme sind erfüllt von dunkelsten Energien, von Verbrechen, Mord, Krieg, Pornographie, Unterdrückung und anderen schlimmen Dingen. Wenn ein Mensch sich wahllos diesen negativen Einflüssen aussetzt, braucht er sich nicht zu wundern, daß krankmachende, herunterziehende Vorstellungen und Gedankeneindrücke sich in seinem Bewußtsein einnisten und ihn in seinem Gemüt und seinem Handeln negativ bestimmen. Besonders gefährdet sind die Kinder. Viel Leid wird durch diese Beeinflussung schon vorprogrammiert. Eltern haben da eine große Verantwortung, solche Schäden zu verhindern oder wenigstens zu begrenzen.

Bailes betont, daß die Dauer des Heilprozesses nicht eine Frage der Zeit, sondern des Bewußtseins ist. In diesem Zusammenhang erwähnt er Briefe von Patienten, die vollkommene physische und psychische Heilung erlangten, noch ehe sie eines der betreffenden Bücher von Bailes ganz zu Ende gelesen hatten. Es ist damit erwiesen, daß sich die destruktiven Gedankenmuster sogar augenblicklich auflösen können, sofern wir uns völlig der erleuchtenden Kraft des göttlichen Bewußtseins öffnen. Es geschieht leichter, wenn wir uns bewußt machen, daß Krankheiten letztlich die Manifestationen verzerrter Denkmuster sind. Beim Prozeß ihrer Überwindung sollten wir uns selbst nicht ständig kritisch kontrollieren, ob das übergeordnete Gesetz schon arbeitet, denn damit würden wir uns außerhalb des Heilungsprozesses stellen. Man nimmt auch nicht ständig den Verband von einer Wunde ab, um nach den Fortschritten ihrer Heilung zu sehen.

Es ist nicht möglich, destruktive Gedanken immerzu vom Bewußtsein fernzuhalten. Aber es ist möglich, sie daran zu hindern, daß sie in die Bildergalerie unserer Gedankenmuster aufgenommen werden, damit sie nicht manifest werden.

Dabei kann es hilfreich sein, den einströmenden negativen Gedanken die eigene positive Geisteskraft entgegenzusetzen und Worte zu formulieren, die gleichsam als Gebet den niedrigen Gedankenstrukturen entgegenwirken. Das engagiert ausgesprochene Wort kann wie eine Gußform sein, in die das kreative Denken Gottes einzufließen vermag. Auch gegen die äußerst negativen Denkmuster von Befürchtungen, Ängsten und Verzagtheit ist das entschlossen ausgesprochene Wort mächtig. Wir sollten dies beherzigen, bevor die destruktiven Gedanken ihrerseits das niedere Ego verleiten, sie in Worte zu kleiden.

Dies allerdings wird um so schwerer fallen, wenn wir die Gesellschaft gewisser Leute nicht weitgehend meiden. Es sind vor allem solche, die gern über andere reden, sofern sie über jene Schlechtes berichten können, denn Gutes erscheint ihnen nicht glaubhaft oder zu wenig interessant. Gleichzeitig fühlen sie sich dann erhaben über die anderen. Ihr bevorzugter Gesprächsstoff sind unverkennbar die negativen Ereignisse des Lebens, also Krankheiten, Unfälle, Eheschwierigkeiten, Verbrechen, Ruin und nicht zuletzt auch Verdächtigungen aller Art. Gleichzeitig fallen solche Zeitgenossen durch ein monströses Selbstmitleid auf, wenn sie selbst von derartigen Problemen betroffen werden. Sie lieben es, sich von beifälligem Wehklagen glorifiziert zu sehen. Wenn wir hingegen die Gesellschaft heiterer und mit Worten sparsam umgehender Menschen bevorzugen, so spüren wir bald, wie durch ihre mentale Ausstrahlung unsere Kräfte gegen negative Einflüsse gestärkt werden.

Gerate ich selbst gelegentlich unbeabsichtigt in die Gesellschaft von Leuten, deren überwiegender Gesprächsstoff anderer Leute Übel ist, so helfe ich mir manchmal folgendermaßen: Ich stelle mir mit intensiver Bildkraft die Menschen als anwesend vor, über welche gerade gesprochen wird. Und gar nicht so selten geschieht dann ein kleines Wunder, wenn der eine oder andere plötzlich ganz still wird, als seien ihm die Worte abhanden gekommen.

Wir sollten stets in einer inneren Erwartung Gottes leben. Gebete können dem Ausdruck verleihen, allerdings weniger solche, die nur formelhaft heruntergebetet werden. Formulieren wir einfach frei aus unserer innersten Sehnsucht heraus, aus dem innigen Wunsch nach der Wiedererlangung einer Gemeinschaft mit Gott. Ein solches grundlegendes Gebet am Beginn des Tages könnte zum Beispiel wie folgt lauten:

„Innerlich möchte ich an diesem Tag in eine neue, helle Welt einziehen, die Ausdruck meiner innersten Sehnsüchte und Gedanken ist. Ich möchte mich ins göttliche Bewußtsein einschwingen, da ich nur in diesem höheren Bewußtsein Wahrheit und Befreiung finde. Schon auf Erden kann ich den Himmel gestalten und leben, wenn ich nur wahrhaft will. Also vereine ich mich von nun an mehr und mehr mit dem allem überlegenen Bewußtsein des Göttlichen und fühle mich gleichzeitig von seinem Schutz umgeben. Dieser Wunsch möge sich als übergreifender Segen für alle auswirken, denen ich heute begegne. Ich wünsche allen Heil und Segen, und alle werden mir gleichermaßen gut gesinnt sein.

Mein Körper ist ein Tempel, in dem Gott wohnt. Ich öffne mich seiner Liebe, seiner Güte und seinem Wollen. All seine Eigenschaften möchte ich an mich ziehen, daß ich endlich die Freude finde, nach der ich mich schon so lange sehne. In dieser Freude eingeschlossen sind frische, vitale Gedanken, Glaube und Zuversicht, gute Kontakte und konstruktive Ideen.

Das Leben ist mehr als nur physisches Dasein. Zwar haben wir hier keine bleibende Stätte, aber wir können sie dennoch mit dem Himmel erfüllen, so wir nur wahrhaft wollen. Das Wahre, Schöne und Gute verschließt sich nicht. Es läßt sich gern erobern, weil das Göttliche seinerseits Sehnsucht hat nach uns. Alle werden dies verstehen lernen, auch die, welche jetzt noch lieblos oder gar boshaft sind. Ich erkenne immer mehr, daß ihre bösen Handlungen ein verzweifelter Ausdruck ihrer verschütteten Sehnsucht nach dem liebenden Gott sind.

Nichts Negatives wird mir heute zur Fußangel werden. Zweifel und Furcht werden mich nicht berühren. Ich bin entschlossen, nur Gutes zu denken, also kann sich nur Gutes manifestieren. Dieses Gebet kommt aus meinem Innersten, in dem nun das Bewußtsein des Göttlichen zu erwachen beginnt. Was ich an Gutem erreiche, ist allein das Wirken des überlegenen schöpferischen Gesetzes, welches nichts Mangelhaftes erschaffen kann."

Ein Gebet mit der ausdrücklichen Bitte um Hilfe bei der Überwindung trügerischer Denkmodelle könnte etwa so lauten:

„Bisher habe ich äußere Erscheinungen zum Maßstab meines Urteilens, Planens und Handelns gemacht. Auf diese Weise habe ich mich zweifellos auch Ängsten ausgeliefert. Von nun an aber werde ich mein Ohr allen Stimmen verschließen, welche mich überreden möchten, Täuschungen als Realität zu betrachten. Vor Gottes Angesicht bin ich durch meinen von Ihm vererbten Geist veredelt. Dieser Geist ist die einzige unverbrüchliche Realität in mir. Wenn er völlig in mir erwacht, so wird ungehindert die alles durchdringende heilende und gestaltende Kraft Gottes in mir wirksam, und alle falschen Denkmuster und Glaubenssätze werden aufgelöst. Ich möchte dieses Licht, das mich immer mehr umfangen wird, niemals mehr verlassen."

Viele Gebete, manchmal wohl auch die improvisierten, entstehen oftmals unter Panik. Sie ähneln mitunter Schlachtrufen von Kämpfern, die in Wirklichkeit schon auf der Flucht sind. Solche Gebete sind insgesamt kaum mehr als Reportagen der Angst, statt inniger Ausdruck eines Vertrauens zu Gott. Letztere Grundhaltung ist deshalb die wichtigste Voraussetzung für den zu erwartenden Erfolg unserer gewählten Heilgebetstexte. Sie dürfen nicht zur Pflichtübung mißraten, wenn sie das innerste Bewußtsein zu schöpferischer Aktion anregen sollen, sondern sie müssen aus dem tiefsten Seelengrund heraus zum Ausdruck kommen.

In einem solchen Prozeß wird sich die Kurve des menschlichen Bewußtseins sachte noch oben verändern. Die visionäre Gedankenwelt der tieferen Einsichten nimmt an Erleuchtung zu und bringt die verbrauchten Gußformen unserer niederen Gedankenmuster allmählich zum Verschwinden. In uns wirkt ständig eine immer stärker werdende Kraft, die uns schließlich zu einem Punkt führt, an dem wir deutlich spüren, daß unser Leben sich verändert hat. Der geistige Mechanismus des göttlichen, kreativen Gesetzes der Liebe hat die Oberhand gewonnen. Selbst wenn wir hier und da meinen sollten, noch nicht gesund zu sein, so wird dennoch das Resultat der heilenden Umgestaltung sichtbar werden. Deshalb tragen nun alle folgenden Erfahrungen dazu bei, Vertrauen und Geduld zu kultivieren und zu stärken.

Durch die verbesserte Qualität unserer Handlungen wird zunehmend auch das mentale Potential stimuliert, wie Bailes betont. Er schildert das Verhalten eines enttäuschten Geschäftsmannes, der immerzu voller Skepsis auf Ergebnisse wartete, ansonsten aber weitgehend tatenlos blieb. Seine Verzagtheit war so sehr destruktiv, daß er potentielle Kunden nicht anzurufen wagte in der Meinung, er würde sie bloß stören oder von Wichtigerem abhalten. Auch war seine unerkannte Angst vor Risiken so groß, daß er wiederum erleichtert war, wenn der eine oder andere nach anfänglich signalisiertem Interesse wieder absagte. Bailes konnte ihn schließlich davon überzeugen, wie solche grotesken Selbstentschuldigungen als Ausdruck der Angst einen Menschen psychisch und physisch zu ruinieren vermögen. In der Folge brachte er ihn dazu, Mut und Risikobereitschaft zu entwickeln. Er riet ihm, alle möglichen Kunden anzurufen, und der Mann tat es.

Die Folge war, daß jener Geschäftsmann am ersten Tag dieser Aktion mehr Geschäfte tätigte als im ganzen Monat zuvor. Er verlor seine Ängste vor Blamagen, Risiken und Komplikationen und wurde ein liebenswürdiger und verläßlicher Partner seiner Kunden. Sein früheres Verhalten konnte er jetzt selbst nicht mehr verstehen.

Bailes sieht in der entschlossenen Wahl für eine Entscheidung den ersten Befreiungsschritt aus der Knechtschaft destruktiver Denk- und Gefühlswelten. Die Freiheit des Menschen, betont er, liegt zuallererst in der wunderbaren Macht des Wählenkönnens. Dennoch folgen so viele, wenn auch unbewußt, den falschen Posaunenrufen der niederen Gefühls- und Gedankenwelten. Und diese werden dann ihrerseits mit ihren destruktiven Denkmustern entscheidungskreativ. Der Mensch aber handelt dann nur noch vermeintlich nach den Maßstäben der Vernunft, er bildet sich nur ein, vernünftig zu sein.

Die Denkmuster der Feindseligkeit

Vor allem im modernen Berufsleben entstehen in den Brut-
stätten von Konkurrenzangst, Mißtrauen, Erfolgsneid, Ränke-
spiel und „Mobbing" schwelende Feindseligkeiten mit fürch-
terlichen Folgen. Es ist dem Klima vergleichbar, in welchem
sich krankmachende Keime explosionsartig und unkalkulier-
bar vermehren.

Bailes schildert das Beispiel einer Frau, die als Opfer ihres
feindseligen Gedankenprogramms ständig auf der Lauer nach
Leuten zu liegen schien, die ihr den beruflichen Erfolg hätten
streitig machen können. In dieser permanent gereizten
Abwehrhaltung bekam sie schließlich eine hartnäckige Ent-
zündung des Dickdarms, gegen welche selbst die geschickte-
sten Ärzte nichts auszurichten vermochten. Diese Frau war zu
einer erfolgreichen Einkäuferin einer großen Kaufhausabtei-
lung aufgestiegen. Aus einer Arbeiterfamilie stammend, hatte
sie sich ehrgeizig nach oben gekämpft. Ihre Fähigkeiten
waren über alle Zweifel erhaben. Nur die allerbesten Ausbil-
dungsprogramme hatte sie gewählt. Nach vierzehn emsigen
Berufsjahren war sie nun eigentlich am Ziel ihrer Wünsche.
Den namhaften Heiler allerdings hatte sie nicht wegen ihres
seelischen Defektes, sondern wegen jener sehr lästigen Kolitis aufgesucht.

Bailes war beeindruckt von ihrer stattlichen und energi-
schen Erscheinung. Aber er entdeckte einige harte Züge um
Augen und Mund, die Verbitterung anzeigten. Sie klagte über
ihr immer wieder aufflammendes Leiden und meinte dann:
„Meine Freunde besuchten denselben Doktor. Ihnen konnte er
helfen, warum nicht mir?"

Der folgende Dialog enthüllte ihre krankmachenden Denkmuster von Feindseligkeit und Argwohn, all jene Mißgunst
erzeugenden Kalamitäten des menschlichen Gegeneinander-

und Aneinander-vorbei-Redens. Hier demaskierte sich eine Frau, die einen archaisch anmutenden Drang zeigte, ihren Erfolg wie ein vererbtes Besitztum verteidigen zu wollen. Auch spürte Bailes, wie sie von einem mühsam unterdrückten Zorn über alle erfüllt war, die in ihrem beruflichen Umfeld gleichwertige oder höhere Positionen erlangt hatten. Die Fehler oder das Versagen anderer bescherten ihr, wie sie gestand, triumphale Genugtuung, da sie damit ihre eigene Überlegenheit dokumentieren zu können glaubte.

Bailes Einwand, daß sie mit diesem Verhalten sich alles andere als ein liebenswürdiges Wesen eingehandelt hatte, konterte sie lapidar mit der Feststellung: „That's business!"

Bailes machte ihr klar: „Es ist niemals ein gutes Geschäft, welches eines Menschen Gesundheit ruiniert. Mit großer Wahrscheinlichkeit ist Ihr stark verinnerlichter Hang zu Argwohn und Feindseligkeit die Ursache Ihres Leidens, und Sie werden es auch nicht loswerden, bevor Sie nicht jene destruktive Neigung auslöschen", war seine entschiedene Antwort. Dann brachte er ein Bild, welches seine Patientin sehr nachdenklich machte. Er fuhr fort:

„Bakterien dringen nicht mit der Absicht in unseren Körper ein, ihn zerstören zu wollen, auch wenn ihre Gifte töten können. Sie ziehen ein aus ähnlichen Gründen, denen zufolge auch wir selbst einen Ort wechseln: *Sie lieben das Klima!* Eine Feindseligkeit gegen uns kann man ihnen wohl nicht anlasten. Sie verweilen da, wo sie sich wohl fühlen…"

Im weiteren Verlauf des Gesprächs erkannte die nun sehr bestürzt wirkende Besucherin die Brutstätte ihres Problems: Ihre Krankheit war allein im Kopf entstanden. Ihre Gedanken waren die Bakterien, die in niederen Neigungen gebrütet und sich vermehrt hatten. Auch erkannte sie allmählich, daß das unendliche überkreatürliche Bewußtsein kein feindseliges

Wetteifern kennt, da jedes Wesen in der Harmonie des Ganzen seinen ihm gebührenden Platz findet.

Ein Bild mag Bailes' Patientin besonders hilfreich gewesen sein: Er verglich sinnbildlich das mit göttlichem Bewußtsein erfüllte Universum mit einem unendlichen Reservoir des Guten, das für jeden der Milliarden von Erdbewohnern einen Ausfluß besitze. Aufgrund seiner Erfahrungen war er zur Überzeugung gelangt, daß dieser jedem zugängliche Kanal des Göttlich-Guten niemals von außen durch irgend jemand zerstört oder verstopft werden könnte, sofern es uns gelingt, das Denken und Wollen Gottes *in uns* wahrhaft zu wünschen und zum Ausdruck zu bringen.

Recht bald darauf wurde diese Frau gesund, nachdem ihr Leiden nur noch einmal kurz aufgeflackert war. Sie hatte sich rasch davon überzeugen können, wie schnell der Körper reagiert, wenn das Bewußtsein vollständig verändert wird. Es war ihr klar geworden, daß ihre Kolitis als organische Reizung nur die Folge der seelischen Reizung war, die ihre niederen Gedankenmuster ausgelöst hatten.

Wo solche seeleninfizierende Denkmuster fehlen oder überwunden sind, verlieren offenbar sogar Bakterien und Viren ihr ansteckendes Potential. Argwohn, Feindseligkeit und Neid ernähren sie, Liebe, Vertrauen, Friede, Glaube, Zuversicht, Hoffnung entziehen ihnen den förderlichen Nährboden. Diese Bedingungen sind besonders bei heiteren, uneigennützigen Menschen gegeben, die nicht einmal ahnen, daß Krankheiten häufig Auswüchse verzerrter Gedanken und Gefühle sind.

Wenn in einer Beziehung zwischen Mann und Frau einer der Partner seine vermeintlich einzige Liebe seines Lebens verliert, entstehen meist niedere Gefühlskomplexe. Noch dramatischer wird es, wenn sich zwei Personen um ein und denselben Partner bemühen. Neid und Eifersucht schaffen ein mitunter schwüles Treibhausklima, in dem die abartigsten Aggressionen gedeihen. Auch hier sind sehr häufig entzündliche Erkrankungen die Folge. Der erfolgversprechendste Weg der Heilung ist der gleiche wie im anderen Fall: Selbsterkenntnis durch beharrlichen Abbau alter Denkmuster. Wenn die Betroffenen merken, daß sie sich mehr in einen Typus als in einen Menschen verliebt haben, werden sie verblüfft diesen Typus allerorten und immer wieder antreffen. Dann verblaßt auch die Idee einer einzig möglichen Liebe des Lebens, die eigentlich nur ein gestanztes Gedankenmuster des äußeren Bewußtseins ist. Mit dieser Erkenntnis kann sich dann fortan mehr Toleranz und qualifizierte Liebesfähigkeit als Grundlage für eine dauerhafte und menschlich innigere Beziehung entwickeln.

Partnerschaft mit Gott als Befreiung

Das tiefe Verstehen der Botschaft der Bibel, daß der Mensch Gottes Ebenbild ist, führt zur Erkenntnis, daß Gott den Menschen zum Partner auserwählt hat. Deshalb können wir die Verwirklichung des Guten in uns schon als Realität betrachten. Dagegen sind die krankmachenden Gedankenmuster und Gefühle, die uns beherrschen wollen, ein Ausdruck unseres kreatürlichen Egobewußtseins und nur scheinbar wahr. Wenn Paulus daran erinnert, daß wir von unseren Anlagen her gesehen nichts weniger als Götter seien, so verweist er damit auf unser verborgenes schöpferisches Potential. Er bestätigt die Aussage der Genesis von der Gottesebenbildlichkeit des Menschen. Und Ebenbild bedeutet in gewisser Weise auch Ähnlichkeit der Eigenschaften und Fähigkeiten, wenn auch auf menschlicher Ebene.

Viele Menschen meinen heute noch in einer falsch verstandenen Demut vor Gott „im Staub kriechen" zu müssen. Manche meinen sogar, daß Krankheiten und anderes Unglück nur der Lohn für ihre irreparable Minderwertigkeit seien. Wie aber sollte einer mit solchem „Glauben" seine niederen Denkmuster in ein höheres Bewußtsein wandeln können? Wenn Jesus die Kranken, die er heilen wollte, zum Glauben aufrief und sie zu Reue und Umkehr ermahnte, so war dieser Aufruf zur Bekehrung letztlich ein aufmunternder Impuls zur Wiederbewußtmachung ihrer verschütteten und vielmals verleumdeten Gottähnlichkeit, aus der heraus sie ein neues, den göttlichen Gesetzen entsprechendes Leben führen konnten.

Unbewußte Angst vor Feindseligkeit

Unter furchtsamen, scheuen und schweigsamen Menschen befinden sich viele, die unter einer unbewußt versteckten Feindseligkeit leiden. Ihre Haltung ist wie eine Rüstung gegen die Möglichkeit, daß andere gegen sie sein könnten. Scheue Einzelgänger, ängstliche Geschäftsleute, „Mauerblümchen" und Kontaktscheue befinden sich darunter, meist Menschen mit guten Anlagen und Begabungen, die aber in der Umklammerung von Minderwertigkeitskomplexen kaum zur Entfaltung kommen. Sie schweigen, weil die Furcht, hinter ihrem Rücken kritisiert zu werden, weitaus größer ist als ihr Mut zu sprechen.

Bailes hat durch die Aufdeckung entsprechender Gedankenmuster vielen Geschäftsleuten aus ihrer Misere geholfen und ihnen damit auch die Wege eröffnet, sich von analogen Erkrankungen befreien zu können. Es war gewiß nicht immer leicht, solche Menschen davon zu überzeugen, daß ihre wie eingewachsen erscheinende Furchtsamkeit von anderen als ein versteckter Ausdruck von Feindseligkeit empfunden werden könnte. Die schließliche Erkenntnis darüber wurde für viele ein Schock. Er schwand, nachdem ihnen bewußt geworden war, daß sie unwillentlich gegen das universale Gesetz des Eins-Seins mit dem Göttlichen verstoßen hatten. Diesem Gesetz gemäß bedeutet Feindseligkeit Trennung, Liebe und Wohlwollen dagegen übergreifendes Verbundensein.

„Sei selbstvergessen im Dienen anderer", sagt der Weise. Die Voraussetzung für die Erfüllung dieses Wortes finden wir in der Erkenntnis, daß Liebe die Vollendung des kreativ-göttlichen Gesetzes schlechthin ist.

Die Folgen von Ungeduld und Argwohn

Wenn sich ein niederes Gedankenmuster ausgebildet und etabliert hat, beginnt es wie ein Magnet andere ihm verwandte Muster anzuziehen. Auch diese nähren sich von äußeren Bewußtseinserfahrungen, die nicht durchleuchtet und bereinigt werden. Dabei wächst ein diffuser Komplex von Gefühlen und Gedanken. Sie gebärden sich immer mehr wie ungezogene Kinder. Die Denkmuster, denen Geschehnisse mit Unterdrückung, Verhinderung, Frustration oder Blockade zugrunde liegen, wirken sich hier besonders negativ aus. Wenn die zugrundeliegenden Erfahrungen in die frühe Kindheit zurückreichen, erfordert ihre Überwindung im besonderen Maß die beharrliche Mitarbeit des Betroffenen. Kinder vermögen kaum, ihre Erfahrungen gründlich zu durchleuchten, und werden häufig schon vor dem Erwachsenwerden von ihren Komplexen regiert.

Ein Beispiel von Bailes, banal erscheinend und doch sehr folgenreich in seiner letztendlichen Auswirkung: Ein kleines Mädchen verliebt sich in ein wunderhübsches Dreirad, das im Schaufenster prangt. Die gerührte Mutter verspricht es ihr zu Weihnachten zu schenken. Doch bis dahin sind es noch drei

Monate, was die Mutter im Zeitgefühl ihrer kleinen Tochter nicht berücksichtigt. „Wann ist Weihnachten?" hört sie nun ihre Tochter mehrmals in der Woche fragen. „Nicht mehr allzu lange", lautet stets die stereotype Antwort. Aber es dauert und dauert. Die freudige Ungeduld des Kindes dehnt zusätzlich sein geweitetes Zeitempfinden. Unwissentlich beginnt es nun, Gedankenmuster von Behindertsein und Frustration anzulegen. Das spätere Verhalten in Beruf und Partnerschaft wurde weitgehend davon geprägt.

Nichts ist in Wahrheit feindselig gegen uns. Mißverständnisse entstehen in den Denkgewohnheiten unseres Oberflächenbewußtseins. Durch Verinnerlichung verhärten sie sich zu negativen Denkmustern. Wenn wir den göttlich vererbten Geist in uns erwecken, so gelangt nach und nach sein innerstes Leben zum Durchbruch. Es beginnt die Führung zu übernehmen, so daß niedere Gedankenmuster immer weniger Zugang zu unserem Denken finden können.

Immer wieder stieß Bailes auf Patienten, die durch mancherlei berufliche Blockaden frustriert waren. Er traf Geschäftsleute, die sich ständig ärgerten und blockiert fühlten durch verzögerte Materiallieferungen, durch vergeßliche oder schwerfällig agierende Mitarbeiter und durch rätselhaft erscheinende zerstörerische Verwicklungen. Ihre überwiegenden physischen Leiden waren ernsthafte Herzprobleme. Im Gespräch mit solchen Leuten fand Bailes ein überraschendes Grundmuster ihres Denkens: Sie alle hatten nur ein schwaches Vertrauen in die Fähigkeit ihrer Mitarbeiter. Die Bilder schädlicher Folgen beherrschten ihr Denken und machten es düster. Sie wurden Propheten ihres sich erfüllenden Argwohns.

Bailes brachte sie dahin, zu begreifen, daß sie ihre Situation herbeigedacht hatten. Sie sahen ein, wie sich durch den Baustoff des Mißtrauens das Fundament ihres Denkens gebildet hatte. Und so begannen sie, durch die gedankliche Manifestation des Gegenteils Zug für Zug die selbsterfüllende Prophetie ihrer alten Denkmuster zu erschüttern. Sie lernten, nur das Gute zu erwarten und alle aufsteigenden Zweifel zu beherrschen in der letztendlichen Überzeugung, daß die überlegene Intelligenz des Göttlichen weder Behinderung kennt noch Aufschub und Komplikation.

„Umkreist der Mond nicht seit vielen Milliarden von Jahren unseren Planeten, ohne je verspätet zu erscheinen?", so fragte Bailes lächelnd diesen oder jenen seiner erstaunenden Besucher.

Die Denkmuster von Überlastung und Unfähigkeits-komplexen

Bailes berichtet von der überraschenden Selbstheilung einer Frau, welche die Folgen eines Schlaganfalls gelähmt und an den Rollstuhl gefesselt hatten. Art und Verlauf dieser Heilung lassen jedoch vermuten, daß die Ursache ihrer Lähmung ein psychosomatisches Problem war. Nachdem sie von den aufsehenerregenden Vorträgen Bailes gehört hatte, ließ sie sich nach Long Beach in Kalifornien bringen, wo sich Bailes gerade aufhielt, um Vorträge zu halten. Sie bekam einen Besuchstermin und berichtete dann, daß sie bereits mehrere Neurologen konsultiert hatte, von allen aber als völlig unheilbar erklärt worden war.

Im Gespräch mit seiner Besucherin erkannte Bailes das zugrundeliegende Denkmuster der Überlastung. Die Frau hatte sich vielen Situationen ihres Lebens nicht gewachsen gesehen und faßte dies in folgenden Worten zusammen:

„...Ich wußte nicht, wie ich dies alles bewältigen sollte...".

Nachdem Bailes ihr seine Theorie der niederen Gedankenmuster erklärt hatte, beteten sie gemeinsam einen entsprechend formulierten Meditationstext, den er sie täglich zu wiederholen empfahl.

Bailes machte in kürzeren Abständen mehrere Besuche in ihrer Wohnung. Zu seinem Erstaunen fand er sie schon beim ersten Besuch für einige Minuten am Bett stehend vor, und zwar ganz ohne Hilfe der Schwester.

„Bereits vor einigen Tagen konnte ich dies zum ersten Mal seit meinem Schlaganfall", begrüßte sie ihn munter. Bailes war mehr als überrascht. Er fand nur mühsam zu Worten. Aber er war noch sprachloser, als er sie nach einer Woche wiedertraf. Ohne jedwede Unterstützung nämlich schritt sie nun rund um das Bett, wenn auch noch hinkend, und wagte schließlich sogar im ganzen Raum umherzuhüpfen, sich balancierend hier und da auf die Möbel stützend.

Ausdrücklich betont Bailes, daß er sie nicht darum bat, das Laufen auszuprobieren, ebensowenig, wie er zum Beispiel einem Diabetiker geraten haben würde, Zucker zu essen. Sein Prinzip war einzig allein, die Auswirkungen destruktiver Gedankenmuster zu erläutern, mit den Betroffenen betend zu meditieren, und sie sodann ihrer eigenen Loslösungsarbeit zu überlassen. Seine Patientin hatte, wie wir sehen, ihre diesbezüglichen Hausaufgaben hervorragend absolviert. Zwar nannte sie es lediglich einen „Kniff", den sie gelernt habe, in Wahrheit aber war dieser nichts anderes als die Nutzung eines spirituellen Gesetzes, welches uneingeschränkt wirkt.

Einige Monate später konnte sie bereits in ihr Haus im mittleren Westen umziehen. Ihr Sohn, der sie in einer Hotelhalle abholte, traute seinen Augen nicht, als er sie ohne irgendeine Hilfe oder Krücken auf sich zugehen sah. Sie hinkte zwar noch ein wenig, aber man konnte es beinahe schon übersehen.

„Ich kann's nicht glauben, Mutter. Was hast du getan, wie wurdest du behandelt?" stotterte er fassungslos. „Ich denke, daß du mir's nicht glauben wirst", lachte sie, „ich erhielt dieses Resultat durch die herbeigebetete Erkenntnis, daß mein falscher Glaube, vom Leben völlig überfordert zu sein, die Ursache meiner Krankheit sei."

Das Gefühl des Überfordertseins ist dem unter Leistungsstreß stehenden modernen Menschen alles andere als fremd. In diesem selbsterschaffenen Glauben fühlen sich viele als einsame Stiefkinder des Schicksals, die nach dem Motto dahinleben: „...All dies ist mehr, als ich noch länger ertragen kann...".

So geraten viele in einen Sumpf der Verzweiflung, in dem sie Opfer mannigfacher psychosomatischer Leiden werden können.

Die Manifestation eines solchen Prozesses wird sichtbar, wenn das äußere Bewußtsein die Informationen seiner niederen Denkmuster an die Körperzellen weiterreicht, die, wie wir wissen, ein eigenes Bewußtsein besitzen. Der Körper allein würde keine Krankheiten hervorbringen, wenn seine Zellen jene destruktiven Informationen nicht empfangen könnten. Dies zu wissen ist für jeden wichtig, der sich durch die im Innersten verborgene Kraft Gottes heilen möchte. Denn es gilt dann, die unterbewußten Aktivitäten des Körpers durch bewußteres Beobachten und Lenken zu steuern in der Überzeugung, daß uns der Körper dient. Der Gedanke, der dabei vorherrschen sollte, ist dieser: Gesundheit ist natürlich, Krankheit unnatürlich.

Wenn Zellen sprechen könnten, würden sie bei jedem destruktiven Gedanken flehen: „Bitte nicht, denn wir fühlen uns jetzt sehr ungemütlich!" Es gibt keinen Grund, warum ansonsten funktionstüchtige Organe, Muskeln oder Nerven sich entschließen sollten, ihren Dienst zu verweigern. Auch das Universum als Organismus ist, sich im Gleichgewicht göttlicher Gesetze befindlich, niemals überlastet. Stützen seine Strukturen nicht die eigene Last? Der menschliche Organismus ist keine Ausnahme von dieser Regel.

Im Grunde weiß der Körper nichts von Überlastung. Wir suggerieren diese nur. Dr. Bailes weist darauf hin, daß der Körper und seine Organe auf weit mehr Leistung und Anspannung angelegt sind, als sie eigentlich beansprucht werden. Sonst wäre es auch kaum möglich, beispielsweise nur mit einem Viertel der Leber oder einem Fünftel der Schilddrüse weiterleben zu können. Manche Organe haben sogar die fünfzehnfache Kapazität ihrer Sollstärke. Leicht vermag man daraus zu erkennen, daß viele, vielleicht sogar die meisten Leiden von stärkeren Kräften gesteuert werden. Stärkere Kräfte sind die Mächte unserer Gedanken. Sie können leicht zu dem Punkt führen, wo der Körper dem ständigen Druck wuchernder Gedankenmuster unterliegt und krank wird.

Wenn uns nach Jesu Worten die Wahrheit frei macht, so ist folglich der Glaube an Überlastung und Unfähigkeit eine Lüge. Lügen aber machen krank, wenn sie als Glaube verinnerlicht werden. Wahrheit ist auch, daß der Mensch das Recht hat, die Bedingungen von Gottes Vollkommenheit in sich selbst kultivieren zu dürfen. Heißt es doch auch: „Seid vollkommen, wie auch euer Vater im Himmel vollkommen ist!“ Und dies ist keine Forderung, sondern aufmunterndes Erinnern. Wir sind mehr Dingen gewachsen, als wir uns träumen lassen.

Wir können auf vielerlei Weise lernen, Gottes Bewußtsein in uns lebendig werden zu lassen. Gebets-Meditation ist ein guter Weg. Wir könnten es etwa so formulieren:

„Gottes Bewußtsein ist mein Bewußtsein. Seine Fähigkeiten und Qualitäten sind auch in mir lebendig und wirksam, denn ich bin nach seinem Ebenbild erschaffen. Also kann auch mein Körper kein unvollkommenes Instrument seines Willens sein. Alle Nerven und Muskeln in mir wissen das auf ihre Weise, es ist deren Natur, vertrauensvoll und verläßlich zu funktionieren. Sie wollen in ihrer Arbeit nicht durch meine ängstlichen Gedanken behindert werden. So wie es für Gott keine Überlastung gibt, so existiert sie auch nicht für mich. Seine Sonnen und Planeten ziehen mühelos ihre Bahnen, und ebenso sind nach dem liebevollen Willen Gottes meine Muskeln und Organe dazu bestimmt, mühelos zu funktionieren. Tust Du nicht, Vater, alle Arbeit in mir?

Ich ruhe im Frieden und in der Gelassenheit Gottes, der in mir wirkt, wenn ich es zulasse. Alle Zellen meines Körpers wissen dies nun, und sie werden dieses Wissen nicht mehr preisgeben."

Alkoholsucht als fehlgeleitete Sehn-Sucht nach Befreiung

Auch die mannigfachen Erfahrungen Bailes mit Alkoholikern bestätigen die zugrundeliegenden Denkmuster von Überlastung und Selbstgeringschätzung. Entsprechend stieß er in ihren Gedankenprogrammen häufig auf den Glauben, ein Versager zu sein, oder auf die Furcht davor, einer zu werden.

Die Stimulationen des Alkohols auf das Gehirn sind weitgehend erforscht und bekannt. Da der Leidende aus dem unbewußten Gefängnis seines Denkprogramms ausbrechen möchte, wählt er den leichteren Weg des stimulierenden Alkoholkonsums. Das Schlimme ist nur, daß daraufhin unabweisbar die Phase der Nichterfüllung all seiner Pläne folgt und damit der Kreislauf der Probleme, die ja durch Alkohol nur scheinbar bewältigt werden, aufs neue in Gang gesetzt wird. Dieses zermürbende Wechselbad vom halluzinierten Gewinner zum Verlierer führt allzu oft in die Katastrophe, wenn nicht energische Wege einer tiefgreifenden Selbstdurchleuchtung gefunden werden. Da der Betroffene in der Halluzinationsphase durch oft ungestüme Prahlerei und euphorisches Sich-frei-Fühlen sich wie blind über die Kante des Abgrunds wagt, ist der Absturz um so unverhoffter und fürchterlicher. Dennoch wagt er es immer wieder, weil ihm ein Scheinausbruch aus seiner Situation natürlich lieber ist als gar keiner. In seiner vorübergehenden Begeisterung erscheint er vielen als ein besserer Mensch, sich selbst eingeschlossen. Er wirkt oftmals sozial engagiert, selbstvertrauend, offen. Nicht selten fühlt er sich weise mit seinen Worten und gezielten Ratschlägen.

Der stets nachfolgende Absturz in die Wirklichkeit führt manche mitunter in einen Zustand, in dem sie für die Welt wie gestorben erscheinen. Aller Kummer ist dann anscheinend vergessen, auch das mangelnde Selbstwertgefühl scheint wie besiegt. Sie fühlen sich als zufriedene Gewinner, ohne wirklich gewonnen zu haben, wie hineingestorben in eine unentrinnbare Vergessenheit.

All dies besagt nichts anderes, als daß Alkoholismus eine mentale Krankheit ist, was auch kaum noch ernsthaft bezweifelt wird. Zugrunde jedoch liegt offensichtlich die unbewußte Sehnsucht nach Überwindung der egobezogenen niederen Denkmuster. Das flehende Greifen nach Alkohol ist somit eine Perversion der nicht bewußten Sehn-Sucht nach spiritueller Meisterschaft, nach überlegener Lebensbewältigung. Dies mag auch die Erklärung dafür sein, warum der Kampf gegen die Gewohnheit des Trinkens ins Leere laufen muß, denn all diese Versuche lassen die zugrundeliegenden Denk-

muster unberührt. Wie Bailes bemerkt, versagt die Willenskraft, weil sie auf die falsche Zielscheibe gerichtet wird. Er
versichert, daß manche solchermaßen Betroffene erst durch
die Aufdeckung dieser Schlüsselwahrheit aus ihrem Teufelskreis herausfanden. Die erforderliche Teamarbeit war hart,
denn es mußten stets die verborgensten Details eines verzerr-
ten Denkens, das oft weit in die Kindheit zurückreichte,
bewußt gemacht werden.

Es ist wohl nicht übertrieben, wollte man behaupten, daß
gerade die unter Alkoholsucht Leidenden einen besonders
starken Drang verspüren, endlich „Neuland" zu entdecken.
Vielleicht wählen sie den falschen Weg deshalb, weil sie
unbewußt verzweifelter sind über ihre fatalen Denkmuster als
die meisten anderen Menschen.

Die Denkmuster, die aus Verlust und Isolation resultieren

Ebensosehr breiten sich in unserer modernen Gesellschaft
des „Haben-Denkens" die Gedankenmuster aus, die bei Verlusten und Trennungen entstehen. Sie treten besonders dann
auf, wenn wir Besitz, Arbeitsplatz, Freunde oder einen geliebten Menschen verlieren. Auch werden sie als Folge in einer
Reihe verschiedener physischer Leiden sichtbar.

Bailes schildert den typischen Fall einer Frau, deren diesbe-
zügliche Gedankenmuster sich bereits in der frühen Kindheit
ausbildeten, nachdem auf unerklärliche Weise ihre heißgelie-
bte Puppe verschwunden war. Diese Puppe war die ständi-
ge Begleiterin auf allen ihren Wegen gewesen. Sie hatte sie
gekost, sie besungen und ihr allerlei Geschichten erzählt, ja
sie konnte nicht einmal einschlafen ohne sie. Ihr rätselhaftes
Verschwinden verdunkelte ihr junges Leben. Sie fühlte sich in
der Tat wie von einem Teil ihres Selbst isoliert. In der wach-

senden Furcht vor weiteren Verlusten gedieh ein verhängnisvolles Gedankenmuster, welches zum Konstruktionsplan eines Lebenserfahrungsprogramms wurde, das von ständigen Verlusterlebnissen gekennzeichnet war.

Es manifestierte sich zuerst in kleinen Dingen: wie liegengelassene Manuskripte im College oder vergessene Habseligkeiten auf dem Tisch eines Restaurants und vieles dergleichen. Und nie bekam sie diese Dinge zurück. Die Verlusterfahrungen wurden dramatischer. Schließlich traf ihr Bräutigam, während des Ersten Weltkrieges in Europa beschäftigt, dort ein anderes Mädchen und heiratete es alsbald. Die Kette dieser Verlustreihe gipfelte schließlich im Abhandenkommen des Testamentes ihres Vaters. In diesem waren ihr achtzig Prozent des Erbes überschrieben worden, denn ihre beiden Schwestern waren mit reichen Geschäftsmännern verheiratet und damit bestens versorgt.

Die Darlegung dieser Tatsache half nichts. Das beweisende Papier selbst blieb verschwunden. Sie erhielt nur ein Drittel des bescheidenen Erbes und mußte fortan mit einer schlecht bezahlten Arbeit ihr Leben fristen.

„Was Gedanken verursachen, können Gedanken wiederum auch heilen", ermutigte sie Bailes, „ein falscher Glaube kann jederzeit durch einen wahren ersetzt werden, wenn wir wissen, was wir zu kultivieren wünschen." In verschiedenen anschaulichen Bildern machte Bailes deutlich, daß nichts verlorengeht, auch wenn es außerhalb unserer nutznießenden Greifweite gelangt. Es ist immer irgendwo, also ist unser Trennungsschmerz gewissermaßen eine Halluzination unseres physisch-räumlichen Denkens. Und mit der Angst vor weiteren Verlusten legen wir die Saat für deren Manifestationen.

Auch im stofflichen Universum geht nichts verloren. Kometen, anfangs noch vagabundierend, finden einen neuen Anziehungsbereich und ziehen kreisend ihre Bahnen. Vielleicht gerät auch vieles, was uns abhanden kommt, lediglich in einen anderen Bereich der Anziehung – möglicherweise, weil wir es völlig unbewußt abstoßen.

Sicher werden wir nur das erfahren, was unserem Glauben gemäß ist, ob er sich nun bewußt oder unbewußt ausgebildet hat. Auch diese Frau konnte Bailes an den Punkt bringen, wo sie das Gesetz von Ursache und Wirkung in seiner Arbeitsweise erkennen und für die höheren Gedankenmuster des übergeordneten Bewußtseins auch nutzen lernen konnte. Sie wurde letztlich eine Gewinnerin auf allen Ebenen. Überall knüpfte sie positive Verbindungen zu Gruppen und neuen Freunden, zog liebenswürdiges allseitiges Interesse auf sich und gewann dazu noch einen aufrichtigen Lebenspartner. Alles, was ihr verloren erschien, kehrte zurück. Und damit waren die alten Denkmuster in der Galerie ihres Bewußtseins endgültig verschwunden.

Die mannigfachen Gedankenmuster, die mit Verlust und Trennung verbunden sind, beruhen, wie wir gesehen haben, häufig auf einer unbewußten Zustimmung. Dies klingt paradox. Aber diese nicht bewußte Zustimmung ist in dem Angstglauben an die Möglichkeiten irgendeines Verlustes wie symbiotisch eingeschlossen. Etwas überspitzt betrachtet, könnte man es so sehen: Jede Art eines Gedankens, verinnerlicht und festgehalten, wird letztendlich als Bauplan akzeptiert, und beginnt in diesem Zustand schöpferisch aktiv zu werden.

Ein Heilgebet, welches uns helfen könnte, die Gedankenmuster von Verlust und Trennung zu überwinden, könnte etwa so lauten:

„Ich bin ein Teil des Bewußtseins Gottes, welches allem anderen Bewußtsein überlegen und übergeordnet ist. In Gottes Bewußtsein kann es nicht zwei sich widersprechende Richtungen geben. Deshalb möchte ich gemäß dem Wollen Gottes denken lernen, so daß auch in mir nichts Widersprechendes mehr sein kann. Dann wird mein äußeres Denken endlich mit meinem innersten Denken übereinstimmen, und Angst wie auch Mißtrauen werden sich nicht mehr gestaltend manifestieren können.

‚Ich und der Vater sind eins‘, sagte Jesus. Auch ich kann mich durch verändertes Denken weitgehend diesem Zustand angleichen. Durch die ständig kultivierte Liebe zum Vater lasse ich Ihn in die Wohnung meines Innersten einziehen, und Er wird letztlich vollkommen in mir denken und wollen. Der Herr ist mein Hirte, und es wird mir an nichts fehlen. Denn wenn Er mein Denken und damit meine Seele aufgerichtet hat, werde ich auch keinen Verlust mehr fürchten müssen."

Die Denkmuster, die aus Zurückweisung und Selbstgeringschätzung entstehen

Als Frauen noch vor wenigen Jahrzehnten sich noch kaum zu emanzipieren wagten, litten sie im besonderen Maße unter den damals noch überwiegend geschlechtsspezifischen Denkmustern von Zurückgewiesen-werden und Selbstgeringschätzung. In unseren Tagen sind die Opfer dieser folgenschweren Denkweise wohl auf beiden Seiten der Geschlechter gleichmäßig verteilt. Also haben nun auch Männer paritätisch die Möglichkeit, die zuweilen dramatischen Folgen des Verschmähtwerdens bis zur Neige auszukosten – es sei denn, sie entdecken rechtzeitig andere Formen des Denkens.

Die Frauen und Mädchen, welche sich bei Dr. Bailes hierin Rat holen, zeigten sämtlich ein übereinstimmendes Gedankenmuster: Sie hatten eine überaus geringe Einschätzung ihrer selbst, ja sie zeigten mitunter eine fast wahnhafte Fehlbewertung ihres eigentlichen Wesens. All diese Denkmuster waren zur Ursache geworden für eine fatale Reihe von Zurückweisungen, sowohl personell als auch dinglich.

Bailes' ratsuchende Besucherinnen waren durchweg Persönlichkeiten mit überwiegend positiven Eigenschaften und Fähigkeiten. Sie waren attraktiv, aufrichtig und warmherzig. Kurzum – sie zeigten Qualitäten, die einen Mann, wenn er nicht gerade ungewöhnlich stumpfsinnig war, begeistern könnten. Doch sie waren Zurückgewiesene, Verletzte, Gedemütigte. Sie fühlten sich letztlich übersehen, nicht wahrgenommen.

Wenn der Kern des Problems eine unbewußte Selbstzurückweisung ist, so muß der Betreffende lernen, sich selbst zu lieben. Das soll selbstverständlich nicht heißen, daß einer all seine Schwächen plötzlich in einem selbstverherrlichenden Glanz sieht. Sehr nützlich kann es sein, rückblickend nach der frühen Entstehung der verantwortlichen Denkmuster von Zurückweisung und Kränkung zu forschen. Sie bilden sich häufig schon in der frühen Kindheit aus. Übereinstimmendes Merkmal: Die verursachenden Umstände und Situationen offenbaren seitens der erziehenden Erwachsenen durchweg ein wahrlich kümmerliches Verständnis der kindlichen Seele. Eines der Beispiele, die Bailes beschreibt:

Eltern hatten ihrer kleinen Tochter einen schicken Badeanzug geschenkt. Die Kleine bedankt sich mit überschwenglicher Freude, auch weil sie sich von den Eltern zärtlich beachtet sieht. Eines Tages kommt in der flimmernden Sommerhitze die Kusine zu Besuch, und sie gesteht, ihre eigene

Badehose vergessen zu haben. Nun muß das Töchterchen nach mütterlicher Anweisung mit einer fadenscheinigen und ziemlich altmodischen Badehose vorliebnehmen, während die vergeßliche Kusine dagegen mit dem hübschen Badeanzug bedacht wird.

Eine solche Entscheidung kann kaum ohne Folgen bleiben: Schon im kindlichen Bewußtsein beginnt hier das Denkmuster des Zurückgewiesenwerdens zu wachsen. Es wuchert wie eine Schlingpflanze und rankt sich um die junge Seele. Was sollte diese denn jetzt auch schon wissen von Verzicht und Nächstenliebe? Die Kleine tut lieber das Nächstliegende und Kindgemäße: Sie weint im Glauben, die Eltern liebten sie nicht mehr so wie früher.

Sogar Formen späterer Eifersucht mögen hier bereits ihre Wurzeln haben. Und aus wievielen anderen Beispielen könnte ersichtlich werden, wie sehr unsere mannigfachen negativen Erfahrungen des Ego der Grund sind für die daraus erwachsenden Denkmuster. Diese legen so leicht die Basis für Zwänge zum Lügen, die wiederum andere Zwänge schaffen. Sicherlich ist die Tragik des Lebens in besonderem Maße von den vielfältigen Denkmustern von Zurückweisung, Selbstgeringschätzung, Pessimismus und Apathie gekennzeichnet.

Eine Gebetsmeditation zur Überwindung solcher Gedankenmuster könnte zum Beispiel folgenden Wortlaut haben:

„Niemand kann in Wahrheit mich oder mein persönliches Umfeld zurückweisen. Die Überzeugung, dies tun zu dürfen, ist eine Illusion des äußeren Bewußtseins. In der übergeordneten Einheit alles Lebendigen mit dem Göttlichen gibt es weder Zurückweisung noch Unterbewertung. Denn das alles durchdringende Göttliche läßt sich in seinem Wesenhaften nicht zurückweisen. Es durchdringt auch mich und meinen individuellen Lebensbereich.

Meine alten Gedankenmuster möchte ich überwinden durch ein wachsendes Gefühl der Einheit mit Gott. Alles, was in mir Seines Wesens ist und wächst, ist liebenswert und unabweisbar. Es wird mehr und mehr auch mein kreatürliches Dasein durchdringen."

Darum allein geht es. Jesus nannte es die *geistige* Wiedergeburt. Er meinte damit gewiß nicht die aus dem Fernen Osten importierte Idee fortwährender Wiederverkörperungen, sondern das Neugeborenwerden aus dem göttlichen Geist, die Erkenntnis und die Erfahrung, daß sich das göttliche Bewußtsein im Menschen zum Ausdruck gebracht hat.

Kapitel V

Gottes Dienst am Ebenbildlichen

Die Erkenntnis unserer Gottesebenbildlichkeit

Um noch besser zu verstehen, daß Gott alle Gebrechen des Menschen heilen kann und will, wenn wir uns in Freiheit von unseren krankmachenden Gedankenmustern lösen, müssen wir noch etwas tiefer schauen. Nach diesem Plan hat Gott den Menschen erschaffen, um den ganzen Reichtum seiner Güte und Liebe letztendlich in seinem geschaffenen Ebenbild wiederfinden zu können wie in einem unendlichen Spiegel seligen Wiedererkennens. Wenn sich Gott selbst in seinem Schöpfungswerk zum Ausdruck gebracht hat und alles von seinem Bewußtsein durchdrungen ist, dann ist er stets in seiner ganzen Schöpfung gegenwärtig, und nichts kann ohne ihn sein, dann ist er aber auch in dem Geist des Menschen präsent, den er als sein Ebenbild erschaffen hat. Alles im schöpferischen Prozeß vollzieht sich nach dem Plan Gottes.

Schon spürt man, wie sich in der Morgenröte des wachsenden neuen Bewußtseins das Göttliche immer mehr manifestiert. Alle Kräfte des Himmels werden eingesetzt, um die Gottesebenbildlichkeit des Menschen zu vollenden. Dieses Wirken Gottes kann man in gewisser Weise als Dienst für den Menschen betrachten. Er hat seine ordnenden, kreativen Gesetze mit ihrer Kraft geschaffen, damit sie uns dienen und helfen können, in das Heilsein und Einssein mit Gott zu gelangen.

Noch immer krankt die religiöse Erziehung des Menschen am Unvermögen, Gott weit über ein bloß verehrungswürdiges Wesen hinaus als DEN nahezubringen, den man wirklich lieben kann und der uns in einem unbegreiflichen Maße liebt. Aber das ist wohl auch kaum verwunderlich in einer Zeit, da sogar manche Theologen nicht einmal mehr an den sich offenbarenden Gott glauben, weil sie ihn als ein impersonales sittliches Denkmodell für viel aktueller halten. Haben sie alle die gottverliebten Mystiker und Minnesänger vergessen, die schon auf Erden die berauschende Heiterkeit des Himmels erleben durften? Ihre Selbstzeugnisse sind nachzulesen. Sie reißen jeden mit, der auf der Suche nach dem ganz anderen Gott ist.

Dieser ganz andere Gott ist es, der nach den Worten Meister Eckeharts in keiner unserer Vorstellungen Platz finden kann. Sein Bewußtsein ist so gewaltig, daß es ständig das stoffliche und geistige Universum durchpulst und das allerkleinste Teilchen durchdringt. Diese unablässige konstruktive Tätigkeit ist mit dem kreativen Gesetz des göttlichen Denkens und Wollens gemeint. Und dieses kreative Gesetz ist es, das dem Menschen dienstbar werden möchte, sofern er sein eigenes Bewußtsein dem göttlichen öffnet. Wenn aber Gottes Bewußtsein mit seinen ihm innewohnenden Gesetzlichkeiten uns dienstbar ist, dann nicht im Sinne, daß Gott unserem Egowillen gehorchen müßte. Er dient uns, damit er alles Geschaffene in der Wirksamkeit seiner Liebe hereinholen kann in das Einssein seiner liebenden Gegenwart. Jeder Mensch trägt diesen tiefsten Wunsch in sich. Wenn wir diese Sehnsucht zulassen, dann wird sie uns auch helfen, die unwahren Gedankenmuster und falschen Glaubenssätze zu verändern. Wenn der ehrliche Wunsch nach Ganzheit und Einheit uns durchseelt, werden sie uns geschenkt. Es ist letztlich nichts weniger als eine Sache der Beharrlichkeit, die Sehnsucht nach Gott nicht mehr loszulassen.

Das unendliche Bewußtsein kennt keinen Mangel und kann deshalb nur Vollkommenes schaffen. Das gilt auch für den Heilungsprozeß. Durch das Einschwingen unseres Denkens auf das höhere Bewußtsein werden wir Werkzeug, durch welches Gott wirken kann.

Wir Menschen sind alle Kinder in der Schule des Lebens, die uns die vergessene Gottebenbildlichkeit wieder bewußt machen soll. Gottebenbildlichkeit aber schließt ein, daß der Mensch aus Gott stammt, zu seiner Familie gehört, von ihm unendlich geliebt wird. Das macht die Würde des Menschen aus. Als seine Ebenbilder sind wir seine Partner auf dieser Erde, wohl wissend, daß wir von seiner Liebe, von dem überlegenen Denken und Wollen Gottes geführt werden und den Auftrag erhalten haben, seine Schöpfung kreativ mitzugestalten und alle Kräfte einzusetzen, daß sein Reich kommen kann und sein Wille geschehe, wie die Christen im „Vater unser" beten. So ist Gottes Dienst am Ebenbildlichen ein ständiges Wechselspiel liebevollen Gebens und Nehmens. Dies setzt Freiheit voraus, wohl auch Demut. Blinde Unterwürfigkeit dagegen raubt der Seele das Bewußtsein ihres innersten Geistes, der aus Gott ist. Will sie sich aus der Knechtschaft von Krankheit, Verzweiflung und Selbstgeringschätzung befreien, muß sie zuvor die Unendlichkeit Gottes auch in sich selbst finden lernen. Dann kann unser kreatives Denken zur Gußform werden für die Manifestation des schöpferischen Gesetzes.

Jesus hat in vielen seiner Aussagen deutlich gemacht, daß alle Gaben des Lebens aus der Einheit mit dem Schöpfer erwachsen. Gewiß war Jesu Empfinden des Einsfühlens mit dem großen Schöpfergeist selbst für seine Jünger kaum faßbar.

Er aber bekannte: „Ich und der Vater sind eins." Was aber die später nachfolgenden christlichen Theologen aus diesem

Ausspruch durchaus nicht abzuleiten vermochten, war ein Versprechen der besonderen Art: Wir alle, ebenbildlich erschaffene Söhne und Töchter des einen großen Gottes, können ebenfalls eins werden mit ihm, wie es Jesus geworden ist. Wie hätte er sonst sagen können: „Wahrlich, wahrlich, ich sage euch – wer an mich glaubt, der wird die Werke auch tun, die ich tue, und wird größere als diese tun; denn ich gehe zum Vater" (Joh. 14, 12).

Wenn der Himmel kein außenliegender räumlicher Ort ist, so kann er nur ein Seelenzustand sein, und dieser Seelenzustand ist nichts weniger als der unendlich reiche Innenraum unseres Wesens, aus dem sich das beglückende Leben mit Gott gestaltet. Dieser Zustand ist der Wahrheit gleich, die uns freimacht und uns schließlich hinausgeleiten wird aus dem Labyrinth unseres kreatürlichen Denkens, aus all den Niederungen unserer Ängste und fehlgeleiteten Sehnsüchte.

Wir sind Kinder Gottes auf dem Weg, uns als solche fühlen zu lernen. So wie Eltern ihren Kindern in ihrer Gesamtzuwendung dienstbar sind, so ist es auch die Vater-Mutter-Gottheit ihrem ebenbildlich erschaffenen Geschöpflichen gegenüber. Wäre es nicht so, dann könnte sich der Mensch niemals über seine kreatürliche Natur hinaus erheben. Es ist die Liebe, das einende Band zwischen Gott und dem Menschen. Auf einer solchen Liebesebene der inneren Kommunikation lösen sich Krankheiten auf, Apathie, Verzweiflung und Streß – kurz alles, was dem Arsenal niedriger Gedankenmuster entstammt.

Das heilende göttliche Prinzip besitzt eine drängende Kraft, sich selbst ausdrücken zu wollen. In Menschen aber, die sich nicht öffnen können, irrlichtert diese Kraft ohne Ziel. Sie findet keinen Ausgang. Keiner wußte dies besser als Jesus. Also wollte er den Verzweifelten und Verzagten ein Mittler sein, in dem jene Kraft stellvertretend ihren heilenden Ausgang finden konnte. Deshalb ist sein Ausspruch: „Wer mich sieht, sieht den Vater" als liebevolle Aufmunterung zu verstehen, und nicht als theologische Verkündigung allein. Wie vielen unreifen und verelendeten Seelen ist er doch begegnet, denen Gott ein unfaßliches Abstraktum war unter der selbstherrlichen Herrschaft des orthodoxen jüdischen Priestertums. Dessen Vertreter hätten es ganz gewiß als Ketzerei betrachtet, wenn da einer behauptet hätte, daß Gott nur das für den Menschen wirkt, was er *durch* ihn wirken kann.

Das Göttliche denkt und wirkt in den vier Naturreichen der lebendigen Schöpfung dem Niveau des Aufnahmevermögens gemäß. Mineralreich, Pflanzenreich und Tierreich sind Progressionsstufen seelischer Potenzen, die durch die zielbewußte Führung der universalen Intelligenz in der Inkarnation auf der Menschenstufe zum Abschluß gebracht werden. Erst die Entstehung des menschlichen Individuums als beseeltes Geistwesen schafft ein Gefäß für den Geist aus Gott. Hier nun beginnt der wechselseitige Dienst zwischen Gott und dem Menschen, der diesen zum Ebenbildlich-Göttlichen qualifizieren soll.

In einer mich tief berührenden Vision wurde mir mitgeteilt: „Es gibt vier Schwangerschaften im Leben; die letzte aber ist die wichtigste – denn sie führt zum Ewigen Leben." Erst einige Tage später fiel es mir wie Schuppen von den Augen. Mir wurde klar, daß die himmlische Botschaft auf die vier Naturreiche angespielt hatte, durch welche sich die menschlichen Seelenpotenzen bis zu ihrer endgültigen Konkretisierung herausbilden. Und damit wurde die schöne Parabel bestätigt, welche es uns auf diese Weise sagt:

„Gott schläft im Stein, träumt in der Pflanze, atmet im Tier und erwacht schließlich im Menschen."

Alles Bewußtsein hat seinen Ursprung im Ewigen; es kann wechseln, aber niemals enden. Auch der geistig noch wenig oder nicht ausgereifte Mensch greift unwissentlich dieses ewige Bewußtsein auf, aber er hält es in seinen noch unterbewußten und oftmals fehlgeleiteten Sehnsüchten gefangen. Dieses zerstreute Sehnen nach Gott äußert sich mehr wie ein noch diffuser Instinkt, der an keinem Ziel zur Ruhe kommt, weil das wahre Ziel stets woanders vermutet wird.

Aber an irgendeinem Punkt wartet da plötzlich eine ganz große Erfahrung: Alle die Zwischenstationen jenes zerstreuten Suchens nach dem Göttlichen entpuppen sich nun endlich sämtlich als Trugziele einer ganz anderen Sehnsucht. Unversehens zeigt sich da das Göttliche zart und scheinbar unauffällig im bisher Unbeachteten. Vielleicht im unbefangenen Lächeln eines Kindes oder im Summen einer Hummel, die der Spur eines Blütenduftes folgt. Es ist die große Erfahrung für die verirrte Seele, ein heilender Schock, der die alten Gedankenmuster wegzufegen vermag wie nichtige Streu.

Die spirituellen Ideale des Menschen sind die unbewußten Aufzeichnungen der göttlichen Realität, des Denkens und Wollens seines universalen Bewußtseins. Gott ist alles, was sich im Besten des Menschen äußert, und unendlich viel mehr. Er ist wie ein wegweisender Leuchtturm im Nebel. Sein Licht ist niemals schwankend oder nachlassend, so sehr auch die wabernden Nebelbänke dies vortäuschen mögen.

Seine göttliche Herkunft zu erkennen, sollte des Menschen edelstes Bestreben sein. Dies ist Dienst an Gott, der uns seinerseits dienstbar wird, sobald wir ihn und seine Liebe in unser Herz einlassen und wirken lassen. Und dann auch dürfen wir uns auf die wunderbarste Verheißung freuen, die uns je in einer Offenbarung geschenkt wurde:

„Kein Auge hat gesehen, kein Ohr hat es gehört, und noch in keines Menschen Herz ist es gekommen, was Gott denen bereitet hat, die ihn lieben."

(Jesaja 64, 3; 1. Korinther-Brief 2, 9)

Aus Gottes Sicht denken lernen

Alles Schöpferische äußert sich darin, Gedanken in gestaltete Formen manifestieren zu wollen. Deshalb existiert eine Krankheit bereits im Gedankenleben, ob es nun ein arthritisches Gelenk ist oder ein schwaches Herz. Dies alles sind nur Wirkungen einer primären Krankheit des Denkens, gedankengestaltete Ergebnisse des kreatürlichen Bewußtseins. Es ist die entgegengesetzte Richtung der Sicht Gottes. Wenn wir uns aber dieser anschließen wollen, so dürfen wir es nicht auf einem lediglich verbalen Angriff auf unsere alten Denkmuster beruhen lassen. Auch Unmut und Ärgerlichkeit über uns selbst bewirken noch keine Erkenntnis. Sie könnten sogar viel eher unsere Denkmuster dazu anregen, Nachkommenschaft zu erzeugen.

Das wichtigste, grundlegende Bestreben des Menschen, der Heilung erlangen will, muß die klare Absicht enthalten, aus Gottes Sicht sehen und denken zu lernen. Wenn auf diesem Weg das destruktive Denkprogramm völlig gelöscht werden kann, so kehren, wie es Jesus bildlich ausdrückt, die Dämonen nicht mehr zurück in das gereinigte Haus. Wir haben dann gelernt, Menschheit und Schöpfung im sinngebenden Wollen und Wirken Gottes zu erkennen. Das Gesetz von Ursache und Wirkung zeichnet sich immer plastischer ab in unserem Denken. Die Gedanken, die nun in unserem Bewußtsein als überragend und ausdehnungsbeflissen erscheinen, sind Gottes Gedanken.

Auf dem Weg zu diesem Bewußtsein gibt es gewisse geistige Übungsmechanismen, die hilfreich sein können. Eine von vielen Möglichkeiten ist diese: Man fokussiert das vorherrschende Gedankenmuster, wählt sein Gegenteil und verwebt es als Argumentationsmittel im innerlichen Dialog mit sich selbst.

Im Laufe seiner Erfahrungen vervollkommnete Dr. Bailes seine Hilfestellung beim Heilprozeß seiner Patienten durch gezielte Reduzierung seines eigenen Einflusses. Wenn er einem Besucher gegenübersitzend etwa sagte: „Dieses Gebet spreche ich für John Smith, wohnhaft am Broadway 1111, New York City", so wollte er durch die ausdrückliche Wahl der dritten Person in seiner Formulierung auch dem allerkleinsten Eindruck von Hypnose oder Suggestion vorbeugen. Auch erzielte er auf diese Weise, wie er beschreibt, eine größere Präzision seines eigenen Denkens. Um selbst der geringsten Spur eines sich vielleicht einschleichenden Selbstmitleids vorzubeugen, vermied Bailes jegliches Flehen und drängendes Bitten in seinen Gebeten. Vielmehr erklärte er den Patienten geheilt im Sinne des vollkommenen Denkens Gottes. Am Schluß seines Meditationsgebetes übergab er mit einem intensiven Gefühl des Eins-Seins mit Gott den Kranken dem überlegenen Bewußtsein des Unendlichen.

Leicht läßt sich aus Bailes' Methodik schlußfolgern, wie sehr jegliche innere Anspannung dem sanften Fluß des kreativen Wollens zuwiderlaufen muß. Gerade hier zeigt sich, daß die Kraft Gottes in der Unwiderstehlichkeit ihrer Sanftmut liegt. Die Sanftmütigen, denen die Erde im vor uns liegenden Zeitalter gehören soll, werden die sein, die aus Gottes Sicht zu denken und zu handeln fähig sind. Und welch ein Trost: Sie sind jetzt schon unter uns. Wir können dazugehören, wenn wir nur wollen.

Wenn wir beten oder still meditieren, so sollten wir uns deshalb die Sicht der universalen Intelligenz zu eigen machen. Sie ist alles in allem: Liebe, Geduld, Sanftmut, Vertrauen und die alles durchdringende Heiterkeit der Himmel.

Der Mensch wurde erschaffen, das Ebenbild des Schöpfers in Vollkommenheit zu verwirklichen. Die vermittelnden Faktoren liegen im Charakter, in den verliehenen Fähigkeiten und im Umsetzen des individuellen Erfahrungsschatzes verborgen. Bildlich gesehen gleicht der Mensch einem zum Wohnausbau vorgesehenen Dachgeschoß: Alle Zuleitungen sind schon anschlußfertig gelegt, und auch der Grundriß steht längst fest. Mittels unserer Vorstellungskraft können wir bereits das Bild einer behaglich eingerichteten Wohnung schaffen.

Das Göttliche dient allem, was von ihm durchdrungen ist, also dient es sich selbst. Die Tätigkeit des kreativen Gesetzes ist demgemäß permanenter Gottesdienst. Alles, was sich im Denken von ihm nicht abtrennt, ist in diesem Gesetz heimatlich eingeschlossen. Es besteht aus einer ununterbrochenen Kette von positiven Ideen, welche Stabilität und Harmonie des Lebendigen prägen und erhalten. Mit unserem eigenen positiven Wollen können wir uns in diese Kette einklinken und somit das Wirkungspotential vergrößern. Auf diese Weise kann unser irdisches Wirkungsfeld mehr und mehr zur Ertragsfläche des Geistigen werden.

Die Grundzüge des Himmels, den wir gewöhnlich außer uns sehen, sind hier und in uns eingeprägt. Wenn wir selbstheilend tätig werden wollen, so brauchen wir nicht nach den Wegen und Kanälen zu suchen, auf denen es geschehen soll. Wir selbst sind der Weg und die Kraft, die zuvor aber bewußt werden muß. So zeigt sich auch hier, daß der Himmel kein Ort, sondern die Bewußtwerdung des Göttlich-Ebenbildlichen ist. Mit dieser Erkenntnis erst begreifen wir unsere alten Denkmuster als undenkbare Fremdkörper im Bewußtsein des Göttlichen. Es ist die Erleuchtung, die alle Hoffnungslosigkeit des kreatürlichen Lebens verzehrt. Wir erkennen die Quelle in uns, und wir beginnen, wesentlich zu werden.

Nirgendwo stärker als in einer vollbrachten Heilung äußert sich Gottes Dienst am Ebenbildlichen. Hier nimmt der Mensch unmittelbar teil an Gottes Natur. Er fühlt die Ruhe und die Nähe des Schöpfers, die Sanftmut und Hoheit seiner Allmacht. An diesem Punkt klärt sich auch endlich, wie rechtes Beten sein soll. Alle Spannungen lösen sich, all die Erhörungsängste, Vorbehalte und Zweifel schwinden. Wir können endlich sagen: „Der Vater, der auch in mir wohnt, er tut die Arbeit." In der spirituellen Sprache heißt das: Hingabe.

Wer zu dieser Überzeugung und inneren Haltung gelangt ist, für den ist es dann auch unerheblich, ob die therapeutische Gebets-Meditation Tage, Wochen oder Monate erfordert. Die Intensität bestimmt die Dauer, die Ruhe und Gelassenheit. Das schließt ein, daß man nicht ständig danach schaut, wie weit schon die Heilung gediehen ist, als sei uns Gott eine Leistung schuldig. Lieber sollte man danach trachten, täglich so zu beten, als sei es das erste Mal. Wissen wir doch, wie sehr litaneienhafte Bittgebärden jeglichen Sinn ersticken. Daraus läßt sich letztlich schlußfolgern, daß Heilung keine Leistung, sondern eine punktuelle Offenbarung der Dienstbarkeit des Göttlichen ist. Offenbarung kennt keine berechneten Zeitpunkte. Sie erfüllt sich immer unerwartet, ob sofort oder später. Es ist der Grad unseres innigen Verbundenseins mit Gott, dem sie entspringt.

Die spirituelle Heilung, von der hier die Rede ist, zielt auf die systematische Auflösung krankmachender Denkmuster. Die willkommene Gesundung des Körpers ist nur die Außenwirkung eines vollendeten Prozesses, der durch die kumulative Macht des meditativen Betens in Gang gesetzt wird. Er darf nicht durch gewohnheitsmäßiges Repetieren abgeschwächt werden. Nach zuweilen längerem Beten kann dann unerwartet der Punkt auftauchen, wo mit der Steilkurve einer gottinnigen Erregtheit die Heilung geschieht, blitzschnell und gleichsam unspektakulär wie alles wahrhaft Großartige.

Aus Gottes Sicht denken lernen bedeutet auch, beim Beten jedwedes stereotype Unwertgefühl zu vermeiden. Viele haben ohnehin nur deshalb ein allgemeines Schuldbewußtsein, weil sie damit die Details ihrer Schwächen besser geheimhalten zu können glauben. Eine solche Haltung aber weicht der Wahrheit aus. Die gewissenhafte Erkenntnis kranker Gedankenmuster wäre wohl so kaum möglich. Andererseits wäre es eine falsche Form der Demut, zu glauben, daß man, um geheilt zu werden, dem Status der Heiligkeit schon nahe sein müsse. Gottes Dienstbarkeit gilt dem Innersten des Menschen, dem Göttlich-Verwandten. Er allein vollbringt alles in uns. Deswegen ist alles Gnade, auch daß wir uns als Menschen diese allumfassenden Heilgesetze zunutze machen dürfen.

Aus den Werken Gottes können wir die Natur des Schöpfers ableiten, das Maß seiner Weisheit, seiner Liebe, seiner Geduld und seines Ordnungssinns. Je liebevoller wir seine Schöpfungen beobachten und bewundern, desto mehr lernen wir nach seinen Gedanken zu denken. Wir erkennen, daß die gleiche Macht, welche den Gang der Gestirne regelt, ebenso ungehindert auch unser organisches Leben steuern will. Sie möchte dies mit der gleichen Leichtigkeit tun, mit der sie die unvorstellbar gewichtigen Himmelskörper ihre Bahn ziehen läßt. Diese Kraft kennt keine Hindernisse, keine Engpässe. Sie ist angelegt auf schwerelose Entfaltung. Und wenn wir dies wahrhaft verinnerlichen, so spüren wir gewiß, daß jene Kraft mit der gleichen spielerischen Leichtigkeit auch in unserem physischen Organismus wirksam sein will, sofern wir durch unser Denken nicht gegenwirken. Dann verstehen wir auch, weshalb ein konstruktiver Gedanke stärker sein kann als Tausende von destruktiven Denkgewohnheiten. Es würde uns sicher sehr erstaunen, könnten wir erfahren, wie vieles in der Welt ganz unbemerkt durch Gebete verändert wird.

Verschiedene Methoden in der Heilgebets-Therapie

Bailes pflegte vor dem Beten der Heiltexte mit Hilfe von Bildern und vertieften Betrachtungsweisen zu meditieren. Die hier folgenden und für Bailes sehr effektiven Beispiele sollten nur als Anregung verstanden werden, denn jeder Mensch hat aufgrund seiner individuellen Fähigkeiten einen ganz eigenen Zugang zum Geistigen. Dennoch mögen natürlich verwandte Seelen gleiche oder ähnliche Bilder bevorzugen.

Mit der sogenannten „Nebel-Methode" beschreibt Bailes eine meditative Einstimmung, die er vor allem im Kreis mehrerer Besucher zu wählen pflegte. So stellte er sich bildlich das Heilende Gesetz als den Einzug eines leuchtenden Nebels vor, der nach und nach, alles durchtränkend, das ganze Haus erfüllte, das Treppenhaus, die Ausstattung, sämtliche Räume und alle darin befindlichen Personen. Dieser Leuchtnebel als bildliche Vorstellung einer kreativen konstruktiven Kraft war die Visualisierung einer abstrakten Idee, der viele der Anwesenden zu folgen vermochten. So konnte mittels dieser Bild-Meditation die Kraft ungehindert in einem breiten Strom einfließen. Bailes berichtet von einer solchermaßen eingeleiteten und schließlich vollständigen Heilung eines Gehirntumor-Erkrankten, der zuvor von sämtlichen behandelnden Ärzten als unheilbar erklärt worden war. Wie man ihm sagte, blieben ihm nur noch wenige Monate zu leben.

In seinem Heilgebet für den Schwererkrankten ließ Bailes die alarmierende Prognose der Unheilbarkeit seines Patienten völlig außer acht. Sie wurde einfach ignoriert. Als einzig zugelassene Realität wurde die alles durchdringende Gegenwärtigkeit der universalen Kraft des Heilens akzeptiert, in welcher sich die unendliche Güte Gottes offenbart, die nichts Krankes gewähren läßt. Sollte ihr also ein Tumor widerstehen können?

Wie bereits gesagt, vermied Bailes ganz bewußt irgendwelche negativen Formulierungen, welche die Erkrankung als unumstößliche Tatsache sanktioniert haben könnten. Jedermann kennt ja die pessimistische Atmosphäre, welche hospitalstationäre Patienten unter gegenseitigem Wehklagen züchten, wobei sie sich darüber hinaus auch noch jeglichen Mut abschwätzen, als sei Verzweiflung eine olympische Disziplin.

Bailes sah seinen Patienten nicht als physischen Körper, sondern als Bewußtsein. In seiner äußeren Erscheinung betrachtete er ihn als körperliches Abbild des unsichtbaren universalen Denkers. Als Schöpfung des Geistes war dieser Körper auf perfekte Funktionalität angelegt, durch destruktive Gedankenmuster jedoch in seiner funktionalen Balance gestört worden. Nur die Ursache dieser Einmischung also mußte aufgedeckt und beseitigt werden, die Folgen selbst würden dann von alleine verschwinden. Im Geiste sah Bailes seinen Patienten mehr und mehr erfüllt und gesättigt von der regulierenden Kraft des Unendlichen, der nichts widerstehen konnte. Sie glich dem Bild des sanft leuchtenden Nebels, der alles durchdrang. Er stellte sich vor, wie die Seele des Leidenden die Infiltration jener Kräfte in allen Zellen des Körpers willkommen hieß und den Patienten damit in ein Aufnahmegefäß göttlichen Wollens zu verwandeln begann. Schließlich sah er ihn in den Armen Gottes ruhend, wie auch das ganze Universum in den Armen seines Schöpfers geborgen ist. Und damit begann auch der Tumor aus dem Erscheinungsbild seiner Existenz zu verschwinden. Vier Monate später zeigte die Röntgenaufnahme nicht einmal mehr die leiseste Spur einer Geschwulst. Der Patient war vollkommen gesund geworden und ist es danach auch geblieben.

Bailes Heilgebet hatte etwa folgenden Wortlaut:

„Das Bewußtsein Gottes ist die vorherrschende Realität in allem Lebendigen, also auch in der hier zu behandelnden Person. Alle Abweichungen in der äußerlichen Erscheinung sind im universalen Bewußtsein nicht vorgesehen und können nach Gottes Willen keine bleibende Realität haben. Das hier gesprochene Wort wird von der überlegenen Intelligenz des Unendlichen getragen und setzt das kreative Gesetz Gottes in Bewegung.

Die Kraft des Göttlichen durchdringt nun alles sanft und unaufhaltsam ohne Ausnahme. Es erfüllt machtvoll den Raum sowie die Umgebung, und es strömt in jede lebende Zelle, ebenso wie es nun das Gehirn des hier anwesenden John C. (der Patient) sättigend erfüllt. Damit verbindet sich gleichzeitig sein eigenes Bewußtsein mit dem Bewußtsein Gottes.

Alles ist durchdrungen von dieser Kraft. Nun fühlen wir, daß das Gesetz des Lebens über alle trügerischen Erscheinungsformen erhaben ist. Also ist das Gesetz des Vollkommenen stärker als das Gesetz des Unvollkommenen. Der Geist des Lebens in Christus macht uns frei vom Gesetz von Sünde und Tod.

Wir übergeben nun unseren Mitbruder John C. freudig dem göttlichen Geist allen Lebens und danken für den perfekten Dienst Gottes an ihm. Seine Herrlichkeit wird an ihm offenbar werden.“

Ein anderer Weg zur Aufspürung und Auflösung krankmachender Gedankenmuster ist nach Bailes die „Ultra-Welle"-Methode. Hier versetzt sich der Behandelnde in ein tiefes Gefühl des Friedens im Innersten eines gottbewußten Denkens. Was danach geschieht, könnte man als eine spirituelle Operation bezeichnen. So wie ein spezialisierter Mechaniker mittels unhörbarer Überschallwellen Stahlplatten präzise zu zerschneiden vermag, so versucht der geistige Heiler mit dieser Methode bildhaft die zugrundeliegenden destruktiven Gedankenmuster aus ihrer Verkettung herauszuschneiden. Natürlich ist dazu eine gewaltige Konzentration des Willens vonnöten, die während eines entsprechend formulierten Gebctstextes andauern sollte. Eine solche geistige Operation muß als spirituelles Platzmachen für das kreative Denken Gottes verstanden werden, wobei man sich bildlich das instrumentalisierte Denken Gottes gleichzeitig auch als tätiges Werkzeug vorzustellen hat. Das gedankliche Bild des erkrankten Organs allerdings ist der Sache wohl kaum dienlich. Ein hilfreicher Gebetstext könnte etwa so lauten:

> „Der alleinige Heiler ist Gottes Geist; das alleinig zu Heilende ist das Gedankenprogramm von John C. Die Gedanken Gottes werden nun die Gedanken von John C. Sie konzentrieren sich genau auf den Punkt seines bisherigen Denkens, wo die Verzerrung ihren Anfang nahm, durchdringen nun diesen Punkt und verwandeln ihn völlig. Nun durchdringen sie gleichermaßen auch die verzerrte Manifestation und beseitigen sie zielgenau mit der gelassenen Meisterschaft, die nur einem Könner zu eigen ist."

Auch mit einer weiteren Meditations-Methode, die Bailes die „Kontraktierende-Expandierende" nennt, wurden sehr gute Erfolge erzielt. Hier versetzte sich der Heiler zunächst in einen Zustand der ungestörtesten Ruhe. Währenddessen rief er sich das Bild eines riesigen Kreises ins Bewußtsein. Er dachte sich diesen Kreis als unbeschränkt erweiterbaren Raum, in dem das alles umspannende Gesetz des universalen Heilens und Ordnens zu arbeiten begann. In einem rhythmischen Wechselspiel von Zusammenziehen und Ausdehnen pulsierte gedanklich dieser Kreis in seinem Umfang von den entferntesten Himmelskörpern bis hin zum kleinsten denkbaren Durchmesser, Universum wie Körperzellen gleichermaßen umfangend und versorgend. Eingeschlossen in diesen kreativen Rhythmus des Hegens und Erhaltens dachte sich Bailes auch alles andere aus dem individuellen Lebensumfeld seines Patienten: Sein Heim, sein Arbeitsgebiet und auch alle ihm nahestehenden Personen. Bailes dachte sich schließlich sogar selbst als die Kraft, welche den Kreis pumpend vergrößerte und wieder zusammenzog. Gleichzeitig bezog er das Denken des Patienten in das überlegene Bewußtsein des Göttlichen mit ein. Heiler, Patient und das Göttliche waren nun wie ein einziges Bewußtsein. Alles war dominiert und durchdrungen von der unwiderstehlichen Kraft Gottes. Und genau an diesem Punkt begann auch das allmähliche Verlöschen der alten Denkmuster. Das damit verbundene Weichen der Krankheit und ihrer Zeichen war, vom geistigen Standpunkt aus betrachtet, nicht mehr als ein Nebeneffekt. Im Sinne eines übergeordneten Bewußtseins zeigte sich der gesamte Prozeß als eine spirituelle Manifestation innerster Überzeugungskraft.

Es ist klar ersichtlich: Die hier angesprochenen und erprobten Heil-Meditationstechniken beruhen auf der Grundlage eines gelassen in sich ruhenden Glaubens. Hierin begründete Gebete zeichnen sich nicht aus durch Lautstärke, Beschwörung und drängendes Bitten und Betteln. Solche Gewohnheiten sind Zeichen einer falschen religiösen Erziehung, die auch in den Evangelienberichten des Neuen Testamentes keine Grundlage hat.

Heilungen lassen sich mitunter auch mittels einer Technik erzielen, die Bailes als die „Autoritative Methode" bezeichnet. Sie ist wohl besonders dann hilfreich, wenn das zugrundeliegende spezifische Denkmuster nicht einwandfrei ausfindig gemacht werden kann und auch der Arzt nichts Eindeutiges festzustellen vermag. Die typischen Krankheitsbilder sind in solchen Fällen allgemeines Unwohlsein, Kopfschmerzen, Appetitlosigkeit und Unlust. Bailes empfiehlt solchen Betroffenen eine Heilmeditation mit etwa folgendem Gebetswortlaut:

> „Diese meine Lage habe ich nicht bewußt herbeigeführt. Ich distanziere mich von den auslösenden Faktoren. Auch mein Körper wünscht sie nicht; ich will sie einfach nicht haben. So weise ich sie also zurück, denn ich muß nichts akzeptieren, worum nicht gebeten wurde. Ich betrachte mein Denken fortan all diesen physischen Manifestationen gegenüber als überlegen im Sinne des unendlichen Gottes, der sich auch in mir makellos zum Ausdruck bringen möchte. Was ich in seinem Sinn beschließe, wird sich in mir verwirklichen. All das, was meinen Zustand ausgelöst haben mag, weise ich entschieden zurück und verschließe ihm damit den weiteren Zugang zu meinem mentalen Leben."

Bailes empfiehlt diesen Text mehrmals täglich zu beten, halblaut und in völliger Ruhe, vor allem dann, wenn die Gedanken an den Leidenszustand wieder vorherrschend zu werden drohen. Dabei sollte sich die Überzeugung festigen, daß die Dinge, die einen bisher beherrscht hatten, nun vom Betroffenen beherrscht werden. Dies entspricht einer Befreiung von Furcht, und Furcht spielt nun mal in den hier zugrundeliegenden Denkmustern die führende Rolle.

Nichts kommt in unser Leben ohne unsere bewußte oder unbewußte Zustimmung. Wenn wir die Spur zu einem unbewußten Wunsch nicht zurückzuverfolgen vermögen, können wir ihm dennoch eine andere Richtung geben. Es genügt die energische Zurückweisung seines verborgenen Vorhandenseins. Als Leitspruch sollte gelten: „Ich benötige dies keinesfalls, und ich wünsche es auch nicht!" Es hat wirklich etwas zu tun mit der Unwiderstehlichkeit der Aufforderung Jesu, wenn er sagte: „Steh' auf und wandle!"

Willensstarke Persönlichkeiten mit oft überdurchschnittlichen Fähigkeiten und Charaktereigenschaften neigen häufiger als andere zu Groll und Bitterkeit, wenn ihr Erfahrungsprogramm durch tief eingewachsene Erlebnisse bestimmt ist. Durch die von ihm als „Konvergenz"-Methode bezeichnete Meditationsweise konnte Bailes diesen Menschen helfen, aus dem Labyrinth ihrer Denkmuster herauszufinden. Nach seinen Erfahrungen befinden sich unter solchen Betroffenen nicht selten Menschen, die durch Arthritis wie auch durch Multiple Sklerose schließlich an den Rollstuhl gefesselt sind. In solchen Fällen trat aber meist erst dann vollständige Heilung ein, wenn es dem Betroffenen gelungen war, die ins Negative gekehrten positiven Eigenschaften in den umgekehrten Zustand zu „spiritualisieren".

Oftmals hört man die Leidenden darüber klagen, was ihnen das Leben, die Leute und letztlich auch Gott zumuteten. Sicherlich ist die Liste der Erfahrungen häufig beklemmend dramatisch. Wir hören da von verunglückten geliebten Angehörigen und Freunden, von tragischen Beziehungen und aggressionsbeladenen Partnerschaften. Bei Frauen endet es oft in einem verborgen wuchernden Groll gegen Männer schlechthin. Dieser Groll wird zum Hauptfaktor in den Gedankenmustern und deren typischen Manifestationen.

Die überlegene Willenskraft solcher Menschen ist eine ungeheure und zumeist fehlgeleitete Energie. Für eine positive Veränderung ist sie, konstruktiv versiegelt, eine brachliegende Kraft. Nur die Spiritualisierung ihrer fehlgeleiteten Energien kann diese wieder in Übereinstimmung bringen mit dem göttlichen Denken und Wollen. Es muß erkannt werden, wie sehr Groll und Vorbehalte einem Trugglauben angehören. Ein solcher Trugglaube suggeriert, daß der Betreffende ausgeschlossen ist von Liebe, Frieden und Freude.

Heilung kann auch hier überraschend das Beten in seiner tieferen Bedeutung bringen. Wenn der Betroffene über sich selbst heilmeditiert, so könnte ein entsprechendes Gebet etwa diesen Wortlaut haben:

„Meine Lage ist das Ergebnis angehäuften Grolls und Bitterkeit. Diese haben sich auf dem Boden meiner Erfahrungen wie Pilze ausgebreitet. Sie lebten bisher von der schwülen Luft meiner Gedanken. All diese Gewächse sind übelschmeckend und ungenießbar. Ich werde sie austrocknen lassen durch die Sonnenstrahlen göttlicher Gedanken, welche den sanften Strom heilender Kräfte in Bewegung setzen werden. Wenn die Lähmung in meinem Bewußtsein schwindet, so schwinden sodann auch die Störungen in meinem Körper. Ich denke sie bereits jetzt aus mir hinaus.

Das Licht unendlicher Heilströme sammelt sich über mir. Wohin ich auch gehe, folgt es mir wie ein Rampenlicht, das einen Darsteller auf der Bühne begleitet. Es möchte mich durchdringen, und ich lasse es freudig geschehen. Es gleitet bis ins Innerste meines tieferen Bewußtseins. Seine Schwingungen beginnen dort alle Unordnung aufzuzehren. Sie sind wie geistige Infrarotstrahlen. Dieses wunderbare Licht will alles zu seinesgleichen machen, denn es duldet keinen Makel. Auch die Zellen meines Körpers freuen sich über dieses Licht, als hätten sie lange schon darauf gewartet.

Eine ganz neue Liebe für meine Mitmenschen erwacht in mir. Sie nährt sich von jenem Licht und trägt mich empor. Leute, die ich einmal nicht mochte, sehe ich nun ganz anders. Sie waren Opfer meiner Selbsttäuschungen. Nun fühle ich die Wärme einer wundersamen Verwandlung in mir. Auf das Gute brauche ich nicht mehr zu hoffen, denn es ist schon da."

Was alles kann durch mich geschehen?

Resultate ergeben sich immer der Qualität des Glaubens entsprechend. Die Fähigkeit, göttliches Wirken im Menschen begreifen zu können, setzt den Maßstab für Ablauf und Erfolg des Prozesses. Wünsche und Hoffnungen allein dagegen tragen nicht dazu bei, die Grenzen unserer Fähigkeiten zu erweitern. Das Gelingen unserer Bemühungen beruht einzig und allein auf der verinnerlichten Erklärung des ausgesprochenen Wortes. Dieses sollte in der Überzeugung ruhen, daß wir uns vorbehaltlos für das Einfließen der göttlichen Kraft geöffnet haben.

Liebe, Verständnis, Vertrauen und ein in der Harmonie des Friedens ruhendes Gemüt sind die Gefäße, in welche die universalen Kräfte des Ordnens und Heilens einströmen können. Bei jedem Gebet sollten wir überprüfen, ob und wie stark sich unsere eigenen Gedanken noch gegen den Strom göttlichen Wirkenwollens entgegenzustellen versuchen. Vielleicht entdecken wir da noch einige häßliche Reste von Selbstmitleid, Neid, Haß, Angst oder Eifersucht. Sie entblößen so manche Selbsttäuschungen, die uns hindern, Gottes Qualitäten in uns entfalten zu können. Der einzige Zweck der Gebetsbehandlung sollte schließlich darin bestehen, die hinderlichen Gedankenmuster des Ego durch ihre Auflösung in das Denken Gottes umzuwandeln.

Wir sollten die Zuversicht zu gewinnen versuchen, daß Gott durch uns uneingeschränkt wirken kann. Selbst wenn wir dabei etwas über das Ziel hinausschießen, so haben wir schon ein geistiges Guthaben, das Zinsen trägt. Dies ist weit besser, als mit zaghaftem Herzen zu sagen: „Mal seh'n, was da kommt …". Sich Gott zur Verfügung zu stellen ist kein Zeichen mangelnder Demut, ganz im Gegenteil: Wir erfüllen den Plan Gottes, sich bei seinem Ebenbild vollkommen zum Ausdruck bringen zu wollen.

Das Gesetz des Heilens ist das Gesetz der Liebe, welche die Erfüllung des Gesetzes ist, wie Paulus sagt. Deshalb ist ihr auch alles Diffuse fremd. Sie verletzt nicht, sie zerstört nicht, sie bläht sich nicht auf, doch sie verwandelt.

Jedermann kann sich für die göttliche Liebe öffnen und sie wachsen und reifen lassen. Ein Liebender ist letztlich auch immer ein Verstehender, durch den das Göttliche vorbehaltlos denken und handeln kann. Wenn Liebe uns erfüllt, so erfüllt uns auch Gott. Lassen wir Ihn sich in uns wiedererkennen. Dies ist Heilung.

Heilung für die kranke Welt

Gottes Dienst am einzelnen Individuum hat die Wiederverähnlichung mit Gottes Urwesen zum Ziel, wie es zum Teil auch andere Religionen lehren. Dieser als „Heilsplan Gottes" geprägte Begriff gewinnt aber auch mehr und mehr Bedeutung für die gesamte Menschheit in ihrer kulturellen Vielfalt. Denn sie ist nicht gesünder, als es der einzelne Mensch ist, im Gegenteil: In der Gesamtheit der Weltbevölkerung tritt bedrohlich potenziert zutage, was der einzelne Mensch nicht aus sich herauszuschaffen vermochte.

Die auf Gewinn ausgerichtete Industriegesellschaft wäre ohne die wachsenden Egoismen einzelner nicht zu dem geworden, was sie ist. Deshalb sind die Klagen einzelner Menschen über das gewachsene Ganze bloß Weigerungen, selbst Verantwortung zu übernehmen. Regierungen und andere Institutionen sind deshalb korrupt, weil auch der einzelne Mensch eine entsprechende Neigung dazu verspürt, wenngleich er sie zumeist nicht befriedigen kann. Seine Empörung ist somit oft die Fassade des Unterlegenen, der sein eigenes Versagen nicht erkennen kann oder will.

Wenn einzelne sich zu heilen vermögen, so können schließlich auch die Menschheit und alle leidenden Organismen der Erde geheilt werden. Aber dann ist es notwendig, die kollektiven Gedankenmuster zu erkennen, welche unseren Planeten unter die Herrschaft destruktiver Energien gezwungen haben. Jedermann fühlt heute, daß es so nicht weitergehen kann. Da helfen auch wenig die Versprechungen der Politiker. Die Verheißungen der Macher erweisen sich immer wieder als Trugschluß, und eine digital-verwaltete Welt birgt wenig Zukunftsperspektiven für ein glückliches Leben.

Damit ist nichts gegen die Notwendigkeit eines gesunden Wirtschaftslebens gesagt, das unser Überleben sichert. Aber die sich in dieser Grundschwingung der Gesellschaft offenbarenden Gedankenmuster, die von Materialismus, Profitdenken, Genußstreben und falschem Konsumverhalten geprägt sind, können die Gesellschaftsstrukturen nicht erneuern und damit auch die Probleme der Gesellschaft nicht lösen, geschweige denn die Menschen zufriedener, kreativer, freundlicher, liebenswerter, verständnisvoller und glücklicher machen. Das vermag nur das Bewußtsein Gottes in dem einzelnen Menschen zu vollbringen, wenn er sich dafür öffnet und bereit ist, seine eigenen falschen Gedankenmuster und Glaubenssätze auch im Spiegel der Gesellschaft zu erkennen, um sie verändern und heilen zu können. Wenn sich das Bewußtsein der einzelnen Menschen transformiert, dann verwandelt sich auch die Gesellschaft. Bereits das Erkennen ist der Beginn der Therapie. Die Heilung kann einsetzen, und damit können auch Gottes Gedanken in uns einfließen. Wir werden ihre Wärme spüren und ihnen nicht mehr entfliehen wollen.

Es mag zunächst schmerzen, wenn wir die Nichtigkeit einer Phrase sehen und dabei noch so manches entdecken, was uns leider noch nicht ganz fremd geworden ist. Eine wundervoll poetische Ermunterung, sich von diesem Fremden zu trennen, mag uns dabei ein wenig helfen. Wir finden sie in den folgenden Versen Goethes:

> „Mein Innerstes bleibt immer ewig
> Allein der heiligen Liebe gewidmet,
> Die nach und nach das Fremde
> Durch den Geist der Reinheit,
> Der sie selbst ist, ausstößt
> Und so endlich lauter werden wird
> Wie gesponnen Gold.“

Überheblichkeit und Arroganz sind dem Geist der Liebe fremd. Deshalb sind wahrhaft Liebende kaum empfänglich für anmaßendes Gehabe. Ganz selten verirren sie sich in Gruppierungen, wo sie beherrschenden Einfluß auf andere gewinnen könnten.

Einzig die Liebe begründet den Glauben, der Berge versetzt. Die Liebe allein ist es, welche die Welt von ihren zerstörerischen Gedankenmustern befreien und viele Seelen aus der Knechtschaft von Elend und Krankheit erlösen wird. Wer sich von ihr führen läßt, wird in das Bewußtsein Gottes eintreten und ganz darin leben dürfen. Dieses Leben im Bewußtsein Gottes bedeutet Heilung für die Welt, damit sie reif werden kann für das Neue. Es ist bereits am Hervorbrechen, und wir werden bei seiner Geburt dabei sein.

Es ist nicht notwendig, das Neue wortreich herbeibeten zu wollen. Dies verändert uns noch nicht. Nur unser innerer Zustand hat Einfluß auf den Lauf der Dinge. Wenn wir beten, sollte es im Sinn einer Heilmeditation geschehen. Und sie könnte vielleicht diesen Wortlaut haben:

„Wenn die Welt heil werden soll, so muß ich selbst zuvor heil werden. Ich weiß, daß dies im Denken beginnen muß. Noch bin ich eine schlafende Bewußtseinszelle des Unendlichen, die für das Denken Gottes brachliegt. Deshalb bitte ich den in meinem Innersten ruhenden Geist, täglich anzuklopfen an diese Zelle, um sie heimzuholen in das Bewußtsein Gottes. Alle meine übrigen Wünsche will ich diesem Wunsch unterordnen, denn nichts wird mir zum Heil gereichen, wenn ich bei meinem alten Denken bleibe.

Werde Du, mein Gott, in mir unruhig, wenn ich achtlos an meinem Mitmenschen vorbeihasten will, weil ich seine Not nicht sehe. Laß es mich als Schmerz empfinden, wenn ich im Begriff bin, meinem Nächsten billigen Trost spenden zu wollen. Rüttle an den Gitterstäben meines Ego, damit ich mir der Gefangenschaft bewußt werde, in der mich mein altes Denken festhalten will.

In allen, die mir begegnen, will ich Deine Ebenbildlichkeit erkennen dürfen. Auch in den auf den Bahnen ihrer fehlgeleiteten Sehnsüchte Verirrten, die unbewußt doch einzig Dir gelten. Denn jedwede Sehnsucht hat nur einen Urgrund: Dich, als Urquell der Liebe, mit dem sich letztendlich jede Seele wieder zu verbinden sucht.

Diese Welt soll heil werden, damit alles Lebendige wieder seinen wahren Sinn finden kann. Es soll sich in Deinem Bewußtsein erkennen dürfen.

Wenn sich das Dir Ebenbildliche gegenseitig dient, so ist dies wahrer Gottesdienst, der allein die Heilung des Ganzen bewirken wird. Dann wirst Du unter den Menschen wohnen und Dich in ihnen wiedererkennen.

Dies ist nicht allein Hoffnung, denn es wird so sein ..."

Wahrheitsliebe als Voraussetzung für göttliches Denken

Gottes Dienst am Ebenbildlichen setzt die Partnerschaft mit dem Göttlichen voraus. Diese Partnerschaft gedeiht aber nur auf der Basis einer unbedingten Wahrheitsliebe, die jedermann zuerst im Umgang mit sich selbst kultivieren sollte. Damit sind wir bereits wieder bei den Gedankenmustern. Sie sind auch verantwortlich für manche Selbsttäuschungen, mit denen wir die Wahrheit relativieren und zuweilen bis zur Unkenntlichkeit zu manipulieren pflegen. Dazu benutzen wir, wenn auch unbewußt, unsere individuelle Sprache als äußeres Mittel für Zweckinterpretationen. Und längst schon sind diese verbalisierten Denkmuster des Unwahren auch in das kollektive Denkprogramm der Herrschenden eingedrungen. Die Liste der Wortschöpfungen, die Wahrheit verbergen, ist lang. Ganz offensichtlich wächst sie weiter mit der global zunehmenden Vernetzung menschlicher Denkmuster, die auf Täuschung und Lüge gründen. Doch das Schlimmste ist: Wir haben ihnen mit dem Klima unseres Denkens die Wege bereitet.

Es gibt einen Ausweg aus diesem Dilemma. Prüfen wir doch einfach täglich, ob unsere Sprache denn wirklich übereinstimmt mit unserem Denken, und haben wir dann den Mut zur Wahrheit, auch wenn das schmerzlich ist.

Der bereits erwähnte englische Mystiker Friedrich William Faber gibt exzellente Ratschläge auf diesem Weg. Sie verdienen, eingehend gewürdigt zu werden. Er sagt unter anderem:

> „Selbsttäuschung ist vielleicht die peinlichste, beunruhigendste und folgenschwerste negative Eigenschaft in unseren Beziehungen zu Gott. Sie ist eine Krankheit, an der fast jeder leidet und deren Folgen verderblich sind … Die dabei auftretende Unwahrhaftigkeit ist die allgemeinste aller Erbärmlichkeiten. So ist ein wahrhaftiger Mensch wohl das seltenste aller Phänomene. Vielleicht haben wir noch nie einen gesehen. Volle Wahrhaftigkeit ist zweifellos die ungewöhnlichste aller Gnaden …“

> „… Der erste Schritt zur Wahrhaftigkeit ist die Erkenntnis, daß sie uns abgeht; denn aus dieser Erkenntnis wächst der Entschluß und das Streben, diese Wahrhaftigkeit erlangen zu wollen. Das bedeutet, daß wir mit uns selbst, mit anderen und mit Gott wahr sind … Die Persönlichkeit, die wir am liebsten betrügen, ist unser eigenes Ich …“

Das, was Bailes unter dem Begriff der niederen, krankmachenden Denkmuster versteht, ist in Fabers Sicht die charakterliche Unstetigkeit des menschlichen Außenbewußtseins. Er vergleicht die dunklen Winkel des Ichs mit einer Rumpelkammer, die wir abgeschlossen haben und wegen diverser unangenehmer Erinnerungen nicht mehr aufsuchen wollen. Um „wahrhaft, ernst und echt“ mit anderen zu sein, sollten wir bei unseren Handlungen so wenig wie möglich Rücksicht auf das Urteil anderer nehmen, nicht „wie Wetterfahnen sein, die anderen mitteilen, woher der Wind bläst“.

Als grandioser Röntgenologe unserer verästelten Gedankenmuster beschäftigt sich Faber auch eingehend mit der Kritisiersucht als weitere Abart der Selbsttäuschung. Er spricht in diesem Zusammenhang von Leuten, die sich selbst als Bewertungsmaßstab für andere empfinden und empfehlen, ohne zu merken, daß sie damit ungewöhnliche Ansprüche an das Vertrauen ihrer Mitmenschen stellen. Sie leben dabei in der Meinung, daß es „falsche Demut" wäre, dies zu unterlassen.

Faber beschließt sein Werk mit tiefgründigen Betrachtungen über die Tragik menschlicher Denkmuster. Sie verdienen im besonderen Maße, in Gold gerahmt zu werden:

"… Wir werden – dies ist gewiß der gewöhnliche Vorgang – dadurch zu Betrügern, daß wir immer mit dem Bewußtsein handeln, die Augen der Menschen ruhten auf uns. Was immer uns von diesem verderblichen Bewußtsein abzieht, befreit uns von einer Sklaverei, die uns wie alle Sklavereien zu Lügnern macht. In der Tat vermag dies allein Gottes Bewußtsein …

Es liegt ein ruhiger Trost darin, daß einmal der Tag kommt, da wir keine Rolle mehr spielen werden, nicht vor anderen, nicht vor uns selbst, auch nicht vor Gott … Die Selbsttäuschung haftet uns als Geschöpfen an, die wir noch nicht in das Ebenbildliche Gottes umgewandelt sind …"

Niedere Gedankenmuster sind samt und sonders also nichts anderes als Selbsttäuschungen des Ego. Sie versklaven die Seele in der babylonischen Gefangenschaft von Illusionen und Ersatzwahrheiten. Die Erlösung aus dieser beschämenden Fesselung unserer innersten Natur wird dann gelingen, wenn wir den Teufelskreis durchbrechen, in welchem sich unsere absonderlichen Neigungen und Handlungsrituale als Entschuldigungen und Rechtfertigungen gebärden. Aus dieser

Sicht erkennen wir die Welt „draußen" als die, die wir mitgestaltet haben. Dann wird deutlich, daß die kollektive Selbsttäuschungssucht unserer endzeitlichen Gesellschaft lediglich der Auswuchs unserer höchst eigenen Selbsttäuschung ist.

Gleiches zieht Gleiches an. Wenn wir die Wahrheit lieben, so ziehen wir Gottes Geist an, der sie uns immer klarer erkennen lassen wird. Wir werden erleben, wie sich der Bewußtseinswandel einzelner im Kollektiven fortsetzen wird. Denn die Wahrheit ist ein Licht, dem sich auf die Dauer niemand entziehen kann. Auch jene nicht, die sich von ihr noch geblendet fühlen.

Der Mensch, der die Welt verändern will, muß zuvor in seine Gottebenbildlichkeit hineinwachsen lernen. Es geschieht, indem er die göttlichen Prinzipien in sich selbst wiederentdeckt und sie aus innerstem Bedürfnis frei aus sich heraus lebt und verteidigt. Aber das Überwinden und Dienen muß dem freien Antrieb entspringen, wenn wir Gottes Prinzipien zu unserem Eigentum machen wollen. Wir können sie dann lieben und leben, als gäbe es nichts außer dem Göttlichen. Dies letztlich ist die beglückende Vereinigung mit dem Bewußtsein Gottes und damit die endgültige Abtrennung von den alten destruktiven Denkprogrammen unseres kreatürlichen Selbstbehauptungsstrebens.

Die Zeit, in welcher der prophezeite Geist der Wahrheit in diese Welt treten soll, ist schon angebrochen. Wir alle dürfen uns dazu aufgerufen fühlen, Zellen in Gottes Bewußtsein zu werden, um die Illusionen dieser Welt auflösen zu helfen. Wir wissen, daß in uns doch die gleichen Fähigkeiten und Eigenschaften ruhen, die dem überlegenen Denken des Göttlichen entsprechen. Es will uns zu Seinesgleichen machen, denn wir sollen die Erde in den Himmel verwandeln helfen. Und es wird gelingen.

Zitate aus Gesprächen, die Dr. Frederick Bailes mit Kranken und Ratsuchenden führte

„… Das Göttliche möchte positive Gedankenmuster schöpferisch in Form bringen. Wenn wir hierfür Werkzeug werden wollen, müssen wir zuerst eine oftmals tief verwurzelte Untugend überwinden: Das Laster nämlich, andere willentlich oder unüberlegt zu kränken oder zu verletzen. Und auch alles andere, was auf dieser Ebene angesiedelt ist, tötet die Heilkraft spiritueller Gebetstherapie.

Göttliches wünscht sich nicht Untergeordnetes, weil es alles ergreifen und durchdringen möchte. Gerade diese Tatsache macht die Strukturen erfolgreicher spiritueller Heilweisen schließlich durchschaubar und verständlich: Gott ist der Kreis, dessen Umfang nirgendwo, dessen Zentrum hingegen überall ist…

Die unendliche Schöpferkraft fließt allzeit ungehindert und frei, wenn sie nicht durch dissonantes Gedankenpotential aufgehalten wird, insbesondere durch Neid, Ängstlichkeit, Sorgen, Haß, Eifersucht und Groll. Diese sind die vorherrschenden Eigenschaften, die uns vom Guten in uns selbst abtrennen möchten. Wir entrinnen ihnen, wenn wir die gottähnlichen Qualitäten bewußt aus ihrer Verborgenheit wecken und kultivieren.

Wir müssen lernen, die Macht des gelassenen Denkens einzusetzen. Sie steht im Gegensatz zur Meinung, unsere Ziele müßten unter dem Einsatz von Blut, Schweiß und Tränen erkämpft werden. Es besteht aber niemals ein Grund, mit einem Gebet dramatisch ringen zu müssen, um damit den Wunsch nach Erhörung intensiver zum Ausdruck bringen zu wollen. Das wäre lediglich eine zähnefletschende Art, Aufrichtigkeit zu demonstrieren. Demgemäß ist genau das Gegenteil davon die Wahrheit: Die Stärke des Gebetes beruht auf der gelassenen Akzeptanz, daß der große Schöpfer selbst an der Arbeit ist. Allein auf Ruhe und Vertrauen gründet sich unsere Stärke …

… Ein jeglicher Mensch kann Liebe lernen und kultivieren.

Ein liebendes Herz ist immer auch ein verstehendes Herz…

… Niemand ist ein Versager, nur weil er strauchelt und stürzt. Aber er kann zum Versager werden, sofern er behauptet, irgendjemand habe ihn niedergestoßen. Dementsprechend sollten wir die höhere Sicht der Dinge entwickeln und pflegen, welche die Ursachen, die aus dem Inneren kommen, erkennt. Nur von dort her wachsen Krankheit, Versagen, Unglücklichsein…

Wenn es uns nicht gelingt, liebevoll zu sein, so können wir doch Freundlichkeit erweisen. Diese vermag schließlich die tief empfundene Liebe in uns zu wecken, die für den Heilungsprozeß notwendig ist. Das Gefühl folgt der Tat, und wir werden wie unsere Handlungen. Dies also ist der Glaube, der Berge versetzt. Er ruht auf der Dreiheit Wissen, Vertrauen und Liebe. Wenn eine dieser Säulen fehlt oder morsch ist, sind unsere Anstrengungen vergeblich…

Groß ist der Lohn eines emsigen Durchhaltens: Wir werden Beter, denen die Erfüllung ihrer Bitten auf dem Fuße folgt; wir können dann ebenso heilen wie geheilt werden. Es ist so unglaublich einfach…

Es ist ersichtlich, daß wir nicht besonders gute Menschen oder gar Heilige zu sein brauchen, um die gesundmachende Kraft des schöpferischen Gesetzes nutzen zu können. Aber wir dürfen durch die überwältigende Erfahrung der Nutzbarkeit universaler Kräfte schließlich doch zu anderen Menschen werden. Auch dies ist Begegnung mit Gott.

Wer sich beharrlich dem kreativen Gesetz öffnet, wird schließlich erleben, wie zuverlässig es auf ihn reagiert. Es wird sich groß und schlicht, ganz ohne Geheimnisse enthüllen. Da es vollkommen unpersönlich ist, wird es nicht berührt von beschwörenden Bitten und vorgezeigten Mißlichkeiten, auch nicht von Versprechungen irgendwelcher Art. Das schöpferische Gesetz des Göttlichen funktioniert allein auf der Grundlage unserer Einwilligung mit ihm, mit unserer rückhaltlosen Eingliederung in die konstruktiven Prozesse seines unablässigen Wirkens. Dieses ist die Kraft, welche Christen als den Heiligen Geist bezeichnen.

‚Liebe ist die Erfüllung des Gesetzes‘, wie Paulus im 1. Korintherbrief verkündet. Demgemäß ist das Gesetz des Heilens das Gesetz der Liebe, welches auch das Universum erhält…

Ein liebevolles Herz hat Verständnis für die Schwächen und Irrwege des Mitmenschen. Entsprechend tritt die eigene Verletzlichkeit zurück; die Fähigkeit des Beleidigt-sein-Könnens schwindet mehr und mehr.

Das liebende Herz kann nicht verletzen, da es Egoismen transzendiert. Es erhebt alles sanft in das Liebeschwingungsfeld des Unendlichen, ähnlich so, wie ein Segelboot in den Fluß des Luftstroms integriert wird und gewissermaßen sein Eigendasein ‚vergißt‘. …“

Bibliographie

Dr. Frederick Bailes, Hidden Power For Human Problems, Ruskin House, George Allen & Unwin LTD, Museum Street, London 1957, DeVorss & Co., Marina del Rey CA 1997

F.W. Faber, Selbsttäuschung, ein Spiegel der Seele, Miriam-Verlag, J. Künzli, Jestetten 1974

Jakob Lorber, Neuoffenbarungsschriften, rund 40 Bände, Lorber Verlag, Bietigheim 1906–1981

Emanuel Swedenborg, Himmel, Hölle, Geisterwelt, Swedenborg Verlag, Zürich 1963

Geistiges Tagebuch, Swedenborg Verlag, Zürich 1986 und andere Werke Swedenborgs im selben Verlag

124

Durchs Herz zur Seele
Vom alten Paradigma ins Neue

Margret Rueffler
144 Seiten, gebunden – ISBN 3-928632-34-5

Was ist das Neue, das uns erwartet? Wie sieht die neue Realität aus?
Durchs Herz zur Seele vermittelt eine neue innere Haltung, die von unserer
alten, begrenzenden Lebensweise zu neuen Werten und damit zu einer neu-
en Lebenseinstellung führt. Diese neue Sicht erlaubt es, die Seele, „das
Selbst", als spirituelle Mitte des Menschen und seiner Persönlichkeit zu
würdigen und ihr in der Psychologie den ihr gebührenden Platz wieder ein-
zuräumen. Dieses Buch ist für alle diejenigen geschrieben, die eine neue
Psychologie suchen und am eigenen Wachstum durch Selbsterfahrung inter-
essiert sind. Durch sorgfältig aufeinander aufgebaute Übungen mit begleitenden Beschreibungen
der Erfahrungen von ÜbungsteilnehmerInnen werden die neuen psychologischen Prinzipien dargestellt. Der/die LeserIn wird liebevoll zum Entfalten der eigenen Herzensqualitäten angeregt. Dies
führt zum Erkennen des „Ich bin ein Selbst" als Wesensmitte und zum Erleben des unermeßlichen
Potentials des Menschen. *Durchs Herz zur Seele* vermittelt die Werkzeuge, die alten Glaubens-
muster, die unsere Lebensqualität bestimmen und uns an die Angst binden, wahrzunehmen, sich
ihnen liebevoll zuzuwenden und sie gehen zu lassen. Dadurch kann ein neuer Bewußtseinszustand
entstehen und die Erkenntnis wachsen, daß wir in Liebe gehalten sind.

Suche nach dem Sinn des Lebens

Willigis Jäger
272 Seiten, gebunden, **4. Auflage** – ISBN 3-928632-03-5
Preisträger amerikanischer Verleger

Alle wichtigen Themen des spirituellen Lebens werden von dem Zenmeister (Roshi) Pater Willigis Jäger in diesem Buch grundlegend behandelt
und in Bezug gesetzt zur christlichen Mystik, aber auch zu den großen Tra-
ditionen der esoterischen Wege anderer Religionen, zu den Ergebnissen
moderner Naturwissenschaft und zu den Erkenntnissen der transpersonalen
Psychologie. Die psychologischen Aspekte des inneren Weges, seine Tiefenstrukturen und Stadien, der Umgang mit den Gefühlen und die Verwandlung des Schattens werden eingehend beschrieben. In diesem Buch
geht es um den inneren Weg der christlichen Religion, um einen Bewußtseinswandel in der Gleich-
gestaltung mit Christus, um eine neue – von innen geprägte – Ethik, die Verantwortung für die Mit-
welt übernimmt. Das Buch befreit zu einem sinnerfüllten Leben; motiviert, den inneren Weg zu
gehen, provoziert zu einem neuen Denken und Handeln und tröstet in dunklen Stunden.

Zeitschrift:
Transpersonale Psychologie und Psychotherapie

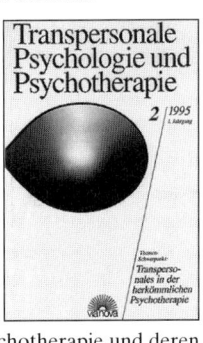

112 Seiten, zwei Ausgaben: Frühjahr und Herbst
Transpersonale Psychologie und Psychotherapie ist eine unabhängige Zeitschrift, schulen-, kultur- und religionsübergreifend, verbindet das Wissen
spiritueller Wege und der Philosophia perennis mit moderner Psychologie
und Psychotherapie, leistet Beiträge zur wissenschaftlichen Fundierung des
Transpersonalen.
Transpersonale Psychologie und Psychotherapie ist eine Zeitschrift, die
sich an Fachleute und Laien wendet mit einem Interesse an transpersonalen
Themen. Aus einem schulen-, kultur- und religionsübergreifenden Ver-
ständnis heraus bietet sie ein Forum der Verbindung von Psychologie und Psychotherapie und deren
theoretischen Grundlagen mit spirituellen und transpersonalen Phänomenen, Erfahrungen und
Wegen, Welt- und Menschenbildern. Sie dient dem Dialog der verschiedenen Richtungen, fördert
integrative Bemühungen und leistet Beiträge zur Forschung und Theoriebildung. Sie bietet
Überblick, Orientierung und ein Diskussionsforum auf wissenschaftlichem Niveau.

Wenn es verletzt, ist es keine Liebe
Wege zu erfüllenden Beziehungen
Chuck Spezzano

412 Seiten, gebunden – ISBN 3-928632-20-5

Dieses Buch verändert Ihr Leben. Ein Wissender zeigt den Weg, wie Sie ein Leben führen können, das erfüllt ist von Liebe und Verstehen, von Freude und Glück. Sie erfahren in 366 Kapiteln wichtige Lebensgrundsätze, die Ihre zwischenmenschlichen Beziehungen auf eine höhere Ebene heben.

Die Weisheit der Liebe, die der Verfasser in jahrzehntelanger Forschungsarbeit als Psychotherapeut, als weltweit bekannter Seminarleiter, als visionärer Lebenslehrer entdeckt und in klare Weisungen umgesetzt hat, verwandelt Sie und berührt Ihr wahres Wesen, das Liebe ist.

Durch die angebotenen Übungen, die das theoretisch Erkannte auch in den praktischen Alltag umsetzen, wird das Buch zu einem Wegbegleiter und Ratgeber in bedrängenden Beziehungsnöten. Wenn Sie Schritt für Schritt in die wichtigsten Grundlebensprinzipien der Liebe eingeführt werden, reifen Sie in Ihrer Selbsterkenntnis, können Ihre Beziehungen in Partnerschaft und Freundschaft neu ordnen, vertiefen und intensivieren. Sie können die Ursachen für Ihre Schwierigkeiten in der Liebe erkennen, Blockaden auflösen und seelische Wunden heilen lassen.

Harmonische Beziehungen, ein Weg
Die Kunst des liebenden Umgangs mit absolut jedermann
Chuck Spezzano

144 Seiten, gebunden – ISBN 3-928632-22-1

In diesem Buch geht es nicht nur darum, die Grundgesetze für den richtigen, liebevollen Umgang mit dem Mitmenschen zu erlernen, sondern diese Prinzipien als verwandelnde Kräfte für eine neue von der Liebe und vom Verstehen geprägte Lebensweise zu erfahren. Sie lehren die Beziehungen zu jedermann auf eine höhere Ebene der Liebe zu heben, so daß sie von größerer Intensität, tieferen Gefühlen und beglückenderer Nähe bestimmt werden.

Es wird jedem Leser bewußt, daß die Wurzel aller Probleme Beziehungsprobleme sind. Das Buch bietet Wege an, sie zu erkennen, auch in ihren unterbewußten Ursachen, und sie zu heilen. Ein ausführliches 30-Tage-Übungsprogramm gibt Weisung und vermittelt konkrete Hilfe.

Die Entdeckung, daß der Mensch selbst die Lösung in den Händen hält, wird den Leser völlig verändern. Er beginnt einen Weg, der ihn in die Freiheit und Selbstbestimmung führt und zugleich das Leben des Mitmenschen mit Liebe und Verstehen erfüllt.

Das Enneagramm der Gesellschaft
Die Übel der Welt, das Übel der Seele.
Claudio Naranjo

152 Seiten, gebunden, 10 Zeichnungen – ISBN 3-928632-37-X

Das Wissen um die Tiefenstrukturen der Seele mit Hilfe des Enneagramms führt zur Erkenntnis des eigenen Charakters mit seinen Stärken, Schwächen und verborgenen Potentialen. In diesem Buch weist Claudio Naranjo – Arzt, Psychiater, weltbekannter Bewußtseinsforscher und Therapeut – nach, daß die Mißstände der Welt in den Übeln unserer Seele begründet liegen.

Es werden dabei folgende Themen behandelt:

- Das Enneagramm als Landkarte der Übel, Sünden und grundlegenden Leidenschaften in der individuellen Psyche sowie die Beziehungen zwischen diesen Übeln und den Krankheiten der Seele.
- Eine detaillierte Beschreibung der Störungen der Persönlichkeit oder Charakterneurosen, die sich aus jeder einzelnen dieser Übel oder krankhafter Zustände ableiten lassen.
- Eine Diskussion der Verwirrungen der Liebe, die jedem einzelnen dieser menschlichen Charaktere des Enneagramms zu eigen sind.
- Eine Betrachtung eines möglichen „Enneagramms der Gesellschaft" als eine kurze sozialkritische Abhandlung aus der Perspektive der psychischen Krankheiten des individuellen Charakters.

Die Vision des göttlichen Menschen
Barbara Schenkbier

432 Seiten, gebunden, Einband Kunstleder mit Goldaufdruck,
21 ganzseitige Bilder, Zweifarbendruck – ISBN 3-928632-18-3

Das Buch ist ein umfassendes Standardwerk, das den Durchbruch einer neuen Evolutionsstufe im menschlichen Bewußtsein des Menschen vorbereiten hilft. Aufbauend auf wissenschaftlichen Erkenntnissen und der mystischen Tradition aller Religionen führt es zu einem tieferen Wissen über das menschliche Bewußtsein, um dann den Weg zum göttlichen Menschen zu beleuchten. Alle wichtigen Schritte werden beschrieben, wesentliche Übungen aus einer neuen Sicht heraus dargestellt und die Transformationsstufe zu einem neuen Bewußtsein geschildert.

Beim Lesen und Anwenden der beschriebenen Wahrheiten eröffnet sich dem Leser eine neue Sicht über den Sinn des Lebens. Alle, die den geistigen Weg beschreiten, werden ihn besser verstehen, ihn bewußter, mutiger und konsequenter weitergehen.

Das Buch ist aus der eigenen, spirituellen Erfahrung der Autorin heraus geschrieben und eröffnet den Blick in eine Zukunft, die die evolutionäre Schöpferkraft selbst schaffen wird.

Zum tieferen Sinn von Religion
Peter Lengsfeld

288 Seiten, gebunden, ISBN 3-928632-06-X

Dieses Buch umkreist das Wesen von Religion und versucht auf vielfältige Weise, ihren tieferen Sinn jenseits der doktrinären Unterschiede zu erfassen und zu vermitteln. Dem Leser wird bewußt gemacht, daß die auf den ersten Blick so unterschiedlichen Gottes- und Menschen-'Bilder' sich durch-schauend auf wenige geistige Grund-Strukturen reduzieren lassen, welche das Menschsein mit der göttlichen Wirklichkeit 'verbinden' (re-ligio). Das Werk ist eine Fundgrube von Verstehenshilfen und Anregungen für die Übung der Meditation und eine Art Wegbeschreibung, die aus der Einsicht über das Wesen der Religion zu einer tiefer führenden Übungspraxis und zu einem Sieben-Stufen-Schema von Gebet und Meditation führt. Vorträge von dem Zenmeister Willigis Jäger über Religion und religiöse Erfahrung beschreiben die 'Transformation' als derzeitigen Prozeß in den Religionen, den Weg der Religionen von außen nach innen, vom Doktrinär-Konfessionellen zum Spirituellen. Der Leser dieses Buches findet sich wieder in seiner Sehnsucht nach Befreiung, Erlösung, Unvergänglichkeit und Einssein mit dem Absoluten und bekommt wieder Geschmack daran, sich intensiver auf die religiöse Dimension einzulassen.

Jean Gebser
Individuelle Transformation vor dem Horizont eines neuen Bewußtseins
Gerhard Wehr

304 Seiten, gebunden – ISBN 3-928632-26-4

Die Gebser-Biographie beleuchtet Höhen und Tiefen eines innerlich wie äußerlich bewegten Lebens; das Leben eines Dichters und Kulturgeschichtlers, eines vielgereisten Weltbürgers, der als Phänomenologe viele Disziplinen befruchtet hat: Philosophie, Psychologie, Anthropologie, Bereiche der Mythologie und der Symbolforschung. Der Verfasser Gerhard Wehr hat nach jahrelangen Recherchen und nach zahlreichen Gesprächen mit Freunden und Zeitzeugen Gebsers, aufgrund des Studiums der Tagebücher und einer tiefgründigen Kenntnis des literarischen Werkes die erste umfassende Gebser-Biographie vorgelegt.

Der Leser erfährt nicht nur biographische Informationen, sondern auch in verdichteter Form die wichtigsten Einsichten und Erkenntnisse über die Stufen menschlicher Bewußtseinsentwicklung, über das Werden einer neuen Welt und die Heraufkunft eines neuen Bewußtseins.

Selbsterkenntnis und Heilung
Die Auflösung der emotionalen Energieblockaden
Jordan P. Weiss

240 Seiten, gebunden, 21 Zeichnungen – ISBN 3-928632-28-0

Die in diesem Buch dargestellte Methode „Psychoenergetics" wurde von Dr. Jordan Weiss entwickelt, einem Spezialisten auf den Gebieten Streßbewältigung, Verhaltensmedizin, Personaler Transformation und chronischer Erkrankungen. Diese Methode schafft Zugang zu dem unbewußten Selbst und läßt Sie verborgene, falsche Denk- und Verhaltensmuster entdecken und auflösen, die Sie daran hindern, alle positiven Möglichkeiten des Lebens auszuschöpfen und ein glückliches Dasein zu führen.
Mit den Methoden der „Psychoenergetics" können Sie folgendes erlernen:
Ärger, Angst und Unsicherheit freizusetzen; Blockaden zu entdecken, die Sie am Erreichen Ihrer Ziele hindern; Selbstsabotage zu eliminieren; sich von Schmerzen zu befreien; Schmerzen bei Menschen zu lindern, die Sie lieben; Liebe und Glück zu empfangen und negative Energien aufzulösen.

Wir sind alle eins
Die Bestätigung der mystischen Erfahrung durch die Vernunft
Anton Neuhäusler

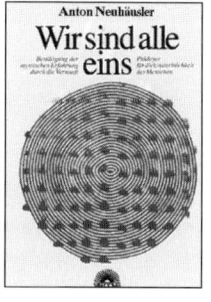

160 Seiten, gebunden – ISBN 3-928632-27-2

Wie kann man als naturwissenschaftlich geprägter, aufgeklärter, moderner Mensch über Dinge reden, die unser Erkennen übersteigen? Letzte Sinnfragen kann die Wissenschaft nicht beantworten. Doch als nachdenkende Wesen können wir sie nicht verdrängen, wollen und müssen wir darüber reden: Woher kommen wir? Wohin gehen wir? Was kommt nach dem Tod? Was ist der Mensch? Was ist der Kosmos? Das Buch stellt sich diesen Fragen auf einer philosophisch, naturwissenschaftlich und argumentativ anspruchsvollen Ebene. Es sollen die Gesetze der Logik und Vernunft gelten, und das Hinhören auf die eigene Erfahrung. Der Autor und sein Werk zeigen eine Weltanschauung, die gekennzeichnet ist von kritischem Geist und dennoch offen ist für letzte Fragen und Einsichten: Das „Ursein" ist philosophisch begründbar. Die Regeln des strengen Denkens bestätigen die von den Mystikern erlebte Wahrheit des Einsseins: „Wir sind alle eins". Es gibt eine Mystik der Vernunft, die re-ligio/Spiritualität/Seinsgeborgenheit des freien, kritischen, liebenden, lust- und lebensvollen Menschen.

Gib nicht auf
Ilona Focali

72 Seiten, gebunden, 32 farbige Fotos
ISBN 3-928632-23-X

Viele Menschen suchen heute nach kleinen Geschenken, die dem Beschenkten mehr geben als nur eine materielle Gabe. Die kleine Buchreihe „Spiritueller Reichtum" erfüllt diese Wünsche.

● Mit ihren Sentenzen und Weisheitsworten, die aus der Tiefe eigenen mystischen Erlebens entstanden sind, macht die Verfasserin Ilona Focali Mut, auch in schwierigen Lebenssituationen nicht aufzugeben. Ihre Aphorismen schenken Hoffnung und spirituelle Erkenntnis.
● Eindrucksvolle Fotos unterstützen in ihrer Thematik und Ausrichtung die Worte des Trostes und der Zuversicht, laden zur Betrachtung und Meditation ein. Der Zusammenklang von Wort und Bild löst jene befreiende Schwingung der Erkenntnis aus, die das Leben verändern kann.
● So wird dieses Büchlein mit seiner spirituellen Kraft zu einem wertvollen Geschenk für Menschen, die noch nicht vergessen haben, daß ein Wort, das in der Stille des Herzens klingt, neue Kräfte mobilisieren kann.